学習院初等科の
お母さんに学ぶ
家庭のしつけと学習

山本紫苑《やまもとしおん》

教育評論社

はじめに

「楽しい」子育て、「楽」な子育て

子育ては、心ときめく楽しい仕事です。なぜなら、一人の人間ができ上がるプロセスにかかわることができるのですもの、これが楽しくないわけがありません。同時に同じ理由で、とてもやりがいがあり、責任も重大な仕事です。

いろいろな子育て中の親御さんとお目にかかりますが、生真面目で、思った通り、あるいは、マニュアル通りの子育てを目指している親御さんは、とうてい子育てを楽しめていないような印象を受けることが多いのです。これは、親にとっても、その子どもにとっても不幸なことだと思います。

そういった親御さん達は、責任が重大であることにばかり集中し、その責任をまっとうするには、自分たちの力だけでは対処しきれないと思っていることが多いようです。そのために、理想を話し合ったり、机上の空論に振り回されたり、分厚い育児マニュアル書に押しつぶされそうになっていたりするのです。言ってみれば、考え過ぎの「頭でっかち」状態の親なのでしょう。

そして、そういう状態の親のなんと多いことか！　煮詰めて煮詰めて、もう焦げつきそうになって、私のところに駆け込んでいらっしゃる方も少なくありません。神経がピリピリして、疲れ切った表情の顔には、自然な笑顔まで失われていることがあります。

「親はなくとも子は育つ」、昔の人は大胆で的確なことを言ったものです。ここで言われているのは、子どもというものは、親がいなくても自分自身の力や他人の善意などによってなんとか成長するものだということです。たしかに、子育てマニュアル書など読んでいるはずもない動物たちでも、立派に子育てをしていますし、命を守ることには、全力を尽くしても、人間のように苦しい思いをしてまでも他の人に合わせようとしたり、世間体を気にしたりはしないでしょう。

子育てに、あまりムキになることは、子どもにとっても迷惑なのではないでしょうか。親という漢字は「高い木の上に立って見る」という意味から成り立っているという説があります。まさにその通り、いじり過ぎることもなく、高い木の上から笑顔で見守るぐらいの気持ちで、ゆったりと子育てをしていきたいものです。

子育てをしていく中で、子どもにとって一番大切なものはなんでしょう。私は、親の笑顔だと思っています。親の笑顔を見せれば、子どもは幸せになれるのです。子どもは、成長するにつれ、親の笑顔を見るための方法を考えます。そして、自然に親の望むことを知り、そのように育っていくのです。

それでは、親はどんなときに笑顔になるのでしょう。嬉しいときや楽しいときですね。私はその「楽しい」がとても大事だと思います。そのためには、親自身が楽しいと思って毎日を暮らし、子育てに臨むことが肝心なのです。

生きていれば、嫌なことも、気が進まないこともいくらでも起きます。でも、そのときどきに、いい経験をしたとか、そのことによって知り得たことに喜びを見つけ出すようにすれば、まずは、親自身が自分の人生、生活を楽しいと思うことができ、おのずと笑顔が浮かぶものです。そんな親の姿は、子どもにとって嬉しい存在となるでしょう。

ところで「楽しい」とはどういうことなのでしょう。愉快な気分であること、こころよいことですね。子どもの成長をワクワクしながら見守ることは、愉快なことに違いないのです。

親は、肩の力を抜いて、子どもの成長を楽しんで見るぐらいの気持ちでいましょう。

さて、その状態はどんな感じでしょう。まさに「楽《らく》」な状態ではありませんか？　そうなのです、「楽しい」と「楽」は同じ字なのです。「楽」というと、たやすくて、ともすると横着のようにも感じられますが、心身が安らかで、楽しいことを「楽」と言うのです。

リラックスして「楽」な気持ちになって、「楽しい」子育てをする。なんてすばらしい子育て人生ではありませんか！　楽しくて、楽な子育てをして、立派な人を育てましょう。

本書では、未就学のお子さん向けに、そのためのちょっとしたポイントを収めさせていただきました。一般に言われる「お受験」に関することにも触れてみました。いずれも、いかに無理なく臨んでいいかということを感じていただけると思います。

「大好きな人、育てましょ」――これが、私の子育てのテーマです。読者の皆さまのご家庭で、少しでもお役に立てることがあれば、私もとても幸せに思います。

二〇一一年九月

山本紫苑

学習院初等科のお母さんに学ぶ　家庭のしつけと学習

〜目　次〜

家庭のしつけ編

家庭の学び編

第1章　好奇心を育てる

第2章　考える力を育てる

親のあり方編

親のあり方を考える

特別編　小学校受験について

入試問題でなにが求められているか

装丁／花村 広
イラスト／oba

point

これだけはおさえたい

8つのポイント

初めに、重要と思われる点を8つ挙げました。
これらをおさえてから各編に進んでください。

Point 1
人の話をしっかり聞く子になる

大人になれば、人の話を聞き、理解するなどということは普通にできることです。単なるコミュニケーションとしても、なにかの説明や指示となればなおのこと、しっかりと人の話は聞くものです。中には「聞いちゃいない」という人もいますが、社会の中で、あるいは人間関係の中で困った存在になっているのではないでしょうか。

子どもの場合、仮に話を聞けていないのだとしても、「理解できないのだ」ということで、流されてしまうことも多いので、あまり気にかけないこともあるのではないかと思います。

それでは、子どものころから、きちんと人の話を聞くのはそんなに難しいことなのでしょうか。私は、ちょっとした習慣を変えることで、二歳ぐらいから話を聞けるようになると思っています。まず肝心なのは、親（＝周りの大人）の子どもとの接し方に関する考え・話す態度です。

一番問題なのは、親が「どうせ話してもわからない」と思い込んでいることです。たしかに、大人に話すのと同じような言葉（表現）で、大人に話すような速度で、なにかをしながらペラペラと話したのでは、子どもは理解できないでしょう。その結果を見て、話してもわからないと判断するのであれば、子どもという人格に対して、あまりにも失礼というものです。

子どもの能力に合わせ、できれば少しやさしいレベルで、話してみてください。その際に、子どもと目の高さを合わせ、「あなたに話している」ということがよく伝わるように、子どもの目をしっかりと見てください。しっかり伝えようとするあまり、厳しい目つきにならないようにしてください。もちろん、話している方の親がじれったがったり、短気を起こしたりはご法度です。

そうして話せば、子どもがわかるように話している親の気持ちも、子どもには伝わります。そして、聞くべきときなのだということがわかってきます。もともとじっとして話を聞くことには、多少の忍耐や努力がいります。ですから、人の話を聞くクセがついていないと、辛いことになってしまうのです。

そこで、ソワソワしてしまっては、落ち着きのない子どもになってしまいますし、しっかり聞いていないと、内容も聞き逃したり、誤解してしまう可能性が高くなります。ですから、幼いうちに、話を聞くクセをつけておくのがいいでしょう。

親は、子どもに話をしたときに、子どもがうなずいたり、「はい」と返事をしたら、必ず褒めるか、笑顔を見せてやりましょう。子どもが、話を聞いていてよかったと思えるようにしてやって欲しいのです。

そして、その話にしたがって、なにかができたら、今度はもっと褒めてやってください。ちょっと大げさに「よくできたわね」「お話がわかったのね」などと子どもの目を見てにこやかな表情を向けましょう。なにかを取ってくるなどの指示をした場合、それに応えられたときには、親は「ありがとう」を忘れずに言います。**子どもは、ひとつの小さな成功に大きな達成感を覚えます。**

「指示行動」は日常で身につけやすい

幼児教育で言うところの「指示行動」は、聞く姿勢が最も大切なのです。もちろん、指示された内容をまっとうすることも目的のひとつですが、そんなに難しい内容が提示されることなどないのですから、いかに話をよく聞いているかが重要かということです。**話をよく聞いて、言われたことを漏らさず実行できれば、その課題はクリアできることになる**のです。

幼児に対する要求は、ひねったものはありませんので、よく聞いて行動すれば、生まれて数年間の経験をフルに活かして、楽に応えられるはずなのです。**「指示行動」は、とても重要でありながら、最も日常生活で身につけやすいもの**だと言えます。

ですから、なにも難しいことなどないのです。普段の習慣＝人の話をよく聞くことができていれば、むしろ簡単なことです。

Point ❷

自分の気持ちを話せる子になる

きちんと話せると言っても、いきなり文章で話せる子どもなどいません。最初は単語、やがて二語文……と徐々に話せるようになっていくものです。でも、単語しか話さないからといって、単語だけしか頭に浮かべていないわけではありません。

「ママ」のような発音しやすい言葉を、喃語《なんご》のあとに言えるようになったとき、その喜びにはしゃぐばかりで、親まで一緒になって「ママ、ママ」と繰り返して楽しんでいては、子どもにとってコミュニケーションが成り立っていないので、きちんと話せる基礎を作ることができません。

「ママ」と呼んでいるようであれば、「はい、ママですよ」「ママが来ましたよ」などと、続く文章を言って聞かせることで、少しずつそういった文章に近づいていくのです。また、親に繰り返すという反応を示されれば、子どもは言いたいことが伝わったと感じます。**話すこと＝能動的なコミュニケーションが持つ意味を身体で感じていくようです。**

意味を汲み過ぎない

いくつもの言葉を話すようになったら、子どもの言葉の意味を汲み過ぎないことが必要です。子どもが「バナナ」とひとこと言っただけなのに、「バナナが食べたいの？」「バナナを取って欲しいの？」と先回りして言ってしまっては、子どもが自分の気持ちを伝える努力をしなくなってしまいます。言ってみれば、横着をしてしまうのです。

子どもがなかなか話すことができないと悩んでいる親の中には、**親が子どもの気持ちを汲み過ぎて、いつも子どもの言いたいことを代わりに言ってやってしまっているケースがあります。**

大人になれば、当然のように、相手に対して自分の考えていることを伝える必要が出てきます。でも本当は、大人でも、子どもでも年齢が違うだけで、人間同士のコミュニケーションの必要性、大切さは同じなのです。

ですから、**下手でも子どもが話し始めたら、なるべく話させるようにしなくては、**いつまで経ってもまともに自分の気持ちを伝えることができるようにはなりません。

子どもが話したがっているときには、じっくり構えて子どもの話を最後まで聞いてやりましょう。

相手に伝わる話し方を育てる

子どもは話が下手ですから、ガマンして聞いているのは楽なことではありません。ときには、イラ立ちから「もう！　だからなんなのよ！」と怒り出してしまったり、「だから、○○なんでしょっ？」と勝手に解釈したりしたくなります。

親が怒っているような様子を見せてしまっては、子どもは話す気をなくしてしまいます。それどころか、話そうとしている内容を否定されたように思ったり、話すこと自体を否定されていると思い込んでしまいます。そうなってしまったら、話す力は育たなくなってしまいます。

一方、子どもだから、おぼつかない話し方でもいいという考えは、適切な話し方の進歩を遅らせてしまいます。**その子どもなりの能力を活かして、少しでも相手に伝わる話し方ができるように育ててやるのが、親の本当のつとめだと思います。**

「はい、はい、わかったわ」と伝わりにくい子どもの話を笑顔で受け入れてやるのは、優しい親の姿とは言えません。

本当に子どものためになる対応こそが、本当に子どものためを思う親の姿なのではありませんか？

Point 3

子どもらしい礼儀を身につける

礼儀やマナーは、社会で生きていく中で必須のものです。子どもだからと言って、なんでも許されるというような育て方はしたくないものです。子どもと接した人が、不愉快な思いをするようでは、社会の一員として失格していると言っても過言ではないでしょう。

一番初めに、しっかりと身につけたいのはあいさつです。あいさつを教えようとすると、やってしまいがちなのは、やみくもに頭を下げることを強いたり（ときには、頭をおさえつけてお辞儀をさせるなど）、あいさつをする場面ではないときに「こんにちは」「バイバイ」などを言葉だけで教えてしまうことです。

頭を下げるお辞儀も、できるに越したことはないのですが、**親におさえつけられて頭を下げているうちは、お辞儀をされた相手にとっても、こころよいものではありま**

せんし、礼儀が身についているとは言えません。

また、ペットの芸のように「こんにちはは？」と親が言うと「こんにちは」。「バイバイは？」というと「バイバイ」。身振り手振りも交えて、ひとまず子どもがやっているると、愛らしくはあるのですが、ただそれだけで終わってしまいます。その時点で、「お利口さんね」「よくできたわね」と褒めていると、どういうタイミングが使いどきなのかを理解することができません。

また、親に「○○は？」と問いかけられないと、言えない、できないということになってしまいます。**大切なのは、その言葉が呪文のように言えることでも、その動作ができることでもないのです。どういう意味があって、あいさつをしているのかを知ることなのです。**

それには、どうやって教え込んだらいいのかとお思いの方もいらっしゃるでしょう。でも、そもそも、教え込もうという姿勢が間違っているのです。あいさつは、あくまでも人間同士のコミュニケーションの一端であって、ギュウギュウに教え込むテクニックではないのです。

まずは、**親が家の中から見せてやることが、あいさつを覚える始まり**です。家庭内だからと気を許して、両親が互いにあいさつをしないのでは、子どもは覚える機会を失います。朝、顔を合わせたら「おはよう」（できれば「おはようございます」）。一日の始まりにふさわしい、すがすがしいあいさつを見せてやりましょう。

もちろん、子どもにも同じです。「お目々が覚めたのね～」子どもが目覚めて、伸びをしているかわいいしぐさに、思わずあいさつどころか、いきなりいじくり回し始めるなどとはもってのほかです。親が起こしたにしても、子どもが自分から目覚めたにしても、まずは「おはようございます」と笑顔であいさつをしましょう。

それを繰り返しているうちに、子どものほうから「おはようございます」のひとことが、片言でも出てくるはずです。それが身につき始めた印です。親もあいさつをしたのちに、よく褒めてやりましょう。**そうしてあいさつを交わすことができたことが、とても嬉しいことだということを、子どもが理解できるように言葉や態度で示すのです。**

子どもは言葉に出さなくても「よかった」と思いますし、幸福感を得ることもできます。その心地よさがあいさつの基本として、身についていれば、人と会ったときのあいさつの大切さを学んでいくのです。

また、出掛けの「行ってまいります」や、帰宅時の「ただいま」も、親が見せることの積み重ねで身につけたいものです。あいさつは習慣になっていれば、しないと気持ちが悪いと感じるようになります。**自然に身につくとは、教え込むことではないということを、親はよく認識しておく必要があります。**

ていねいな言葉を先に教える

また、子どもだからどんな言葉遣いでも許されるというのも、あまり感心できることではありません。ですから私は、「おはよう」よりも「おはようございます」、「行ってきます」よりも「行ってまいります」を推奨しています。「なにこれ?」というう言い方しか知らなければ、どんな相手に対しても、気楽にそう言うでしょうけれど、「これはなんですか?」という言い方を知っていれば、誰とでも失礼なく話すことができると思います。**簡単なほうの言い方や、同輩や年下の人に対する口の利き方(俗に言う「タメグチ」)などは、嫌でもあとから身につくものです。**

将来、省略した言い方や、ちょっと雑な言い回しなどを覚えたとしても、いつ、誰ならそれを使っていいかどうかを知っている人に育てたほうがいいと思います。

Point 4

基本的な生活習慣を身につける

赤ちゃんのときには、なにもできなかった子ども。なにからなにまでやってやらなくてはならなかったのに、いつの間にかまねごとのように、いろいろな行動をとるようになってきます。その瞬間、瞬間に、親は感動をしてきたはずです。

でも、それと同時に、自分の意志を通そうとしたり、やって欲しくないことをしたりして、腹が立つことも起きてきます。そんなときこそ、子どもが生活習慣を身につけるチャンスだと私は思っています。

つまり、**自分でなにかができるようになるということは、やって欲しいこと、やるべきことに切り替えさえすれば、子どもがメキメキと進化してくるということ**なのです。もちろん、子どもが自主的にやりたいことをすべて削《そ》いで、親のやらせたいことだけをやらせるのは無理というものです。

子どものやりたいことも、そこそこ認めながら、生活習慣になるような生活能力（ある意味では技術）を教えてやっていきたいものです。親にやってもらうのが当たり前の状態から、自分で手を出し始めたら、親は積極的に手を引くべきでしょう。自分で食べたがったら、そばで見守って、下手でもスプーンやフォークを駆使して口へ運ぶのを見ていましょう。最初は親が食べ物を載せたり、刺したりしても、口に入れることができたら充分に褒めてやり、子どもが嫌になったのに無理強いをすることはやめましょう。

生活に必要な能力は、細かいことの積み重ねです。親は気を長く持って、ちょっとずつできることを増やしてやりましょう。そこにはマニュアルなどありませんので、どうしてもきょうはここまでやらせようとか、これができたらこうなるはずだというような、融通の利かない感覚で見ていると、親のイラ立ちが強くなってしまって、しまいには「早くしなさい！」となり、「なにやってるの！」となり、「ママがやってあげるから貸しなさい！」となってしまうのです。

そのような、「　」の中の言葉の最後に「！」がつくような言い方は、子どもを萎縮させ、やってみようという気持ちを損なうことになります。やってみようという気持ちを損なうということは、できるようになる道がふさがれてしまったのと同じです。日常生活にかかわることは、そんなに難しいことではありませんから、親のゆったりした気持ちさえあれば、子どもは習得していくものです。

自分の寝ていた布団を整える、脱いだ服をたたむ、履きものをそろえる、そういった、ともすると親が手っ取り早く済ませてしまいがちなことも、初めは子どもと一緒にすることで、子どもが覚えて身につけていく習慣です。ある程度以上、能力がついてから、ガミガミと口で言ってやらせるという形よりも、できるかできないかわからないうちから、「お布団をきちんとしましょうね」などと口に出して親がやって見せることから始め、「あなたは枕をポンポンしてね」などと簡単なことを手伝う形でやらせ始めたほうが、自分のやるべきことだという意識も身につきやすいのです。

もともと子どもは、親のすることをまねするのが好きです。その気持ちをうまく利用して、生活習慣を身につけていきましょう。親の手伝いなども同じです。大きくなってから、急に「手伝いなさい！」と言っても、幼いころに興味を持っていなかったり、持った興味を削がれた経験があると、強要されたような気分になって、なかなかこころよく家事に参加することができなくなってしまいます。

いずれにしても、なにをすることを学ぶにしても、**教科書のように説明して教え込むのではなく、親のしていることを見て、自然に覚えていくように仕向けなくては身につきません**。家事への参加も、お手伝いが義務のようなことになるのではなく、自分にできることをすることで、親が助かるということを理解、納得しておこなうようになるのがベストです。

生活習慣などというものは、決まったノウハウがあるわけではありません。こうしなければならないという決まりもありません。ただ、自分の身の回りのことは自分でできなくては、自分が困ることになるだけの話です。お手伝いにしても、しなくてはならないというものでもないのです。ただ、そうすれば誰かが助かるとか、自分も家族の一員として機能している実感を持つことができるというものです。

強要はしない。でも、なるべく子どもにやっていることを見せる。そして、やりたがったときにやらせる。子どもになにかを教えるときには、タイミングと方法が重要なポイントになるのです。やる気がない、まだ到底できないときに無理強いをしても無駄になるのは目に見えています。**日常生活における親の気持ちのゆとりが、子どもがいい生活習慣を身につけることにつながる**と言ってもいいでしょう。

Point 5

自分で考えて行動できる子になる

社会の中で、「指示待ち人間」という言葉がささやかれ、それが問題視をされて久しいかと思います。社会に出る年齢になって、指示を待ち、その指示がないと行動できないということが問題視されるというのに、子どもに関しては、おとなしく言うことを聞いていれば「いい子」のように評価されることに私は疑問を感じます。

たしかに大人でも子どもでも、指示も聞かずに勝手な行動をとるというのは困ったものです。指示にしたがうべきときには、しっかりと指示を聞いて、それに沿って行動をするのが当然です。

しかし、指示がないとなにもできないようでは、生きていく力がないと言ってもいいぐらいです。では、指示がない場合、どうやって行動をするのでしょう。その答えは明白です。「自分で考えること」に尽きるのです。

自分で考える＝頭の中で、すべきことややりたいことを思い描いて、それを実現するための方法を整理して行動に移すことです。ですからまずは、思い描くことから始まると言うことができるでしょう。

前項で述べたような日常生活における習慣などは、その実践として最もふさわしい場面です。ある程度以上、実生活の能力が身についている子どもであれば、日常的なことに関して、箸の上げ下ろしにいたるまで、指示を与えたり、命令したり、提案したりしてやる必要はないのです。

なんでも先回りして、ともすると声を荒らげてすべきことを言ってしまう親を、私は「親切過ぎる親」と言っています。親切過ぎる親は、あたかも「いい親」のように映ります。子どもの世話をとてもよくやいているように見えるからです。たしかに、実際、よく世話をやいているのも事実でしょう。

でも、果たしてそれが、子どものためになっているかどうかと言うと別問題です。世話やきの親は、そうしていることに自己満足をしている場合が多く、ひどい場合には、世話をやく自分の姿に自己陶酔していることさえあると思います。

その上、勝手にやいた世話が疎ましがられたり、思うように子どもに反映しなかったりすると、怒ってしまうことも少なくありません。ここまで説明をすると、一所懸命に子どものためにおこなっている親が、いつもガミガミ言うことになりがちだという傾向が見えてくると思います。

そして、それが子どもにとって迷惑だということもおわかりいただけると思います。なぜ迷惑なのか。ひとつには、とくに悪いことをしているわけでもないのに、怒られたり、怒鳴られたりするのですから、それは大いに迷惑です。

でも、**見逃してはならないのは、もうひとつの迷惑です。せっかく、子どもが考えようとしているチャンスを奪ってしまう**のです。考えさせてもらえない。こんな迷惑な話はありません。しかも、考えさせてもらえないと思っているうちはまだいいです。考えないのが当たり前になってしまったら、もう取り返しがつかないと言っても言い過ぎではないと思います。

行動する子どもへの第一歩

もう、おわかりいただけましたね。**自分で考えて行動する子どもにするための第一**

歩は、考える余地、時間を与えるということです。親は、子どもの能力を知っているはずですから、考えるように仕向けたところで、その子どもには考えが及ばないことを無理強いするのは無意味です。子どもが簡単に考えられることや、ちょっと頑張れば考えられること、少しの導きがあれば考えがついてくるようなことにチャンスを与えてやるのです。

もともと人間は、考えることができるようになっていますから、考える習慣（＝クセ）が身についていれば、ことあるごとに頭を巡らせるようになってきます。そして、いま、なにをしたいか、なにをすべきかを考えて、判断して、行動に移すようになるのです。

ただし、子どもも大人と同様に人間ですから、自分の考えたことが思うように行動に移せないこともあります。そういうときに、親が怒らないことも子どもの考える力や、行動に移す力を伸ばすコツだと思います。**考えたこと自体、行動したこと自体を認めることで、子どもはどんどん自分で考えて、行動できるようになっていくもので**す。子どもの芽を摘まないことこそが、親が気をつけるべき大切な点なのです。

Point 6

なにごとにも前向きな子になる

人間、どんな年齢でも、どんな状況でも、その人にふさわしい、つまり「らしさ」があるということは、とても自然で周りの人もいい印象を受けるものです。とくに子どもの場合、子どもらしさが求められることが多いように思います。

それは、入試のような場面だけでなく、社会の中に存在する上で、子どもらしいことは大切な子どもたる所以《ゆえん》ではないかと思います。ちょっとややこしい言い方になりましたが、大人びた子ども……たとえば変に醒めているとか、喜怒哀楽がとぼしいとか、どこかひがみっぽい考え方をするなどは、子どもとして歓迎されないのではないでしょうか。

では、やたらと騒がしいことや、わがまま放題、場をわきまえない行動が子どもらしいかと言うと、それは大違いです。私感かもしれませんが、**子どもらしさとは、な**

にかに向かう気持ちが真っ直ぐで、一所懸命になれることではないかと思います。

それは、前向きな姿勢と言ってもいいでしょう。前向きには、積極性も含まれますが、一概に必ず積極性がなくてはならないということではありません。消極的な子どもでも、自分に投げかけられたことに対して、真摯に向き合うことができれば、それもまた前向きであると言えるのです。

それでは、前向きな子どもに育てるにはどうしたらいいのでしょう。親が前向きであることが重要なポイントです。**子どもにわかる態度としては、なにかをおこなうときに、意欲的な態度を見せること**です。楽しそうに物事をおこなうのもそのひとつと言えます。また、なにかを成し遂げたときに、その達成感を示すことも必要です。大げさなことではないのです。たとえば、食事の後片づけでもかまいません。嫌そうに、けだるそうにするのではなく、生き生きとした姿勢で片づけをして、終わったらすっきりした顔を見せたり、「後片づけが終わったから、一緒に絵本を読みましょう」と明るい笑顔を見せたりするのです。

そんな日常的な光景でも、**なにかに元気に取り組んでいる親の姿を手本にして、ものごとに取り組むことは楽しいとか、生き生きとしていて気持ちがいいという感覚を**

持つことができれば、親の姿から、前向きさを学んだことになるでしょう。

「やってよかった」と感じさせる方法

もうひとつは、子どもに直接前向きな姿勢を教えることです。教えると言っても、自己啓発のような教えを説くのではなく、**おこなったことを褒めることによって、成功体験を増やしてやる**のです。

子どもが「やってよかった」という気持ちが持てれば、次のことへの意欲も湧くというものです。「やってよかった」と感じさせる一番の方法は、親が褒めることなのです。「上手にできたわね」「手伝ってくれて助かったわ」などという言葉を掛けると、ちょっとした行動でも、成功体験になり、ものごとに前向きな取り組みをするようになっていきます。

子どもの行動の結果は、必ずしも成功するとは限りません。失敗も多いことでしょう。大人だって、失敗をするのですから、未熟な子どもが失敗をするのは当然のことです。それなのに、その失敗を責めるようなことを言ったり、子どもがやらなければよかったと思うような視線や態度を向けたりすれば、やったことそのものをよくないことだったと判断してしまうのです。つまり、次から行動をしたくなくなってしまうのです。

結果を褒めることばかりが、褒めることではありません。取り組んだ気持ちや、プロセスを褒めることも大切なことです。そのときに、できれば言葉の最後に褒める内容を入れて欲しいと思います。「せっかく手伝ってくれたのに、こぼしちゃったわね」ではなく、「こぼれちゃったけど、手伝ってくれてありがとう」という順番に言ってやりましょう。

最後に聞いた内容は、心の中に残ります。褒められたり、感謝されたりしたことが印象に残れば、なにかをまたやってみようという気持ちになれます。そして、なにかをおこなうこと自体の喜びを知っていくのです。

それが、ものごとに対する前向きな子どもになっていくということです。**なるべく否定的なことは言わないことが、成長の助けになると思って間違いないと思います。**ただし、それは、明らかにいけないことをしたときに叱らないという意味ではありませんので、お間違えのないようにしてください。

Point 7
なにに対しても思いやりのある子になる

親御さんに「どんなお子さんに育って欲しいですか」という質問をすると、多くの方が「思いやりのある子に育って欲しい」とおっしゃいます。思いやりとはなんでしょう。信頼ある国語辞典によれば、思いやりとは「自分の身に比べて人の身について思うこと。相手の立場や気持ちを理解しようとする心。同情」となっています。これを完成度高くまっとうするのは、大人でも難しいことですね。

でも、その人なりのできる範囲の思いやりを持つことは、人としてとても大切なことでしょう。ですから、思いやりのある子に育って欲しいという目標は、とても優れていると思います。

子どもなりの思いやりを持たせるには、なにが必要なのでしょうか。**一番に必要だと思うことは、痛い思いをしたことがあるかどうかということ**です。痛いというのも、物理的にも、精神的にも経験が必要だと思います。いわゆる過保護によって、転んだこともない、ぶたれたこともない、傷ついたこともない、ガマンしたこともない……そんな状態の子どもに、思いやりを持てと言っても、まず無理だと思います。

自分の痛みを知って、初めて相手の傷みも想像できるのです。そうは言っても、わざと痛い目に遭わせることなどありません。ただ、自然に起きる痛みは、転ぶこと然り、文字通り転ばぬ先の杖をつき過ぎてしまって、体験しないで育ってしまうことはとても不自然なことです。

また、痛みを感じたときに、たとえば転んだのを道端の石のせいにするなど、その原因を悪者にするようなことを言うと、せっかく痛いことを体験したのに、原因に対する怒りの感情で、乗り越えてしまうようになってしまいます。

心の痛みも同じです。大切なおもちゃが壊れれば、悲しい想いをします。それをこっそり直してやってしまったり、気がつかないうちに捨ててしまったりしては、おもちゃが壊れた悲しさを知ることもできませんし、捨てることになった場合の別れの辛さを知ることもできません。悲しみや辛い気持ちは、人間にとって、大きな成長の糧《かて》になります。とりわけ、思いやりを育てるには、そういったマイナス感情の体験は必須だと言えるのです。

ありがたさを教える

必須なのはマイナスの体験ばかりではありません。**嬉しさや楽しさ、それを与えてもらったという事実をとらえることも大切**です。自分がいい想いをするのは当然だという感覚に育ってしまうと、人にいい想いをさせようとする思いやりが持てません。子どもと一対一のときに、そのありがたさを教えるのはなかなか難しいので、両親やきょうだいがそろっているときや、祖父母と過ごしているときなどに、誰かになにかをしてもらったり、なにかをもらったりしたときに、「よかったわね」と声かけをし、子どもが気づかないようであれば、お礼を言うことをうながしましょう。

感謝の気持ちを持つことができれば、自分が相手にしてもらったということを実感できます。**その実感は、やがて自分も誰かに喜んでもらえることをしようという思いやりの気持ちにつながります。**

子ども自身が、あらゆる気持ち（喜怒哀楽）を持ってこそ、思いやりの気持ちを持てるのです。思いやりは、それ自体を教え込むことはできません。自然と湧き上がるように持てるようになるものなのです。

ちなみに、人に対して思いやりを持てるようになると、動植物やものに対しても、思いやりを持つようになってきます。オーバーな表現だと思われるかも知れませんが、将来の地球環境に対するおもんぱかりなども、そうした思いやりの先にあるものだと思います。**自分だけよければいいと思っている子どもは、人類、生物、地球、宇宙……なにに対しても、自分以外のものに気持ちを寄せることなどできるようにはなれません。**

思いやりは、大人になって急に勉強して身につけることはできません。ですから、子どものうちに、それも、できるだけ幼いうちに、いろいろな感情を持てるような環境、状況を与えてやって、身につけておきたいものです。

Point

8

学習の習慣をつける

学習などという言葉を使うと、ドリルをやらせるとか、机に向かわせるのかと思われるかもしれませんが、まさかそんなことではありません。ドリルも、別に悪いものではないのでしょうけれど、親子が楽しく取り組めるのでなければ、詰め込みのようにやらせても、あまり意味があるとは思えません。

では、ここで言う学習とはどういうことなのでしょう。幼児の場合、日常生活の中で、好奇心を満たすことのようなものです。生活の中のささいなことも、子どもにとっては新しく、興味の対象であり、学び取っていくものだからです。

でも、そうだからと言って、あまりにさり気なくおこなっていると、なにかを習得した喜びや好奇心の満たし方を知らないで成長してしまいますので、いわゆる勉強が始まったときの取り組みに活かすことができません。**つまり、日常生活の中で、楽し**

くいろいろなことを身につけることが、幼児にとっての学習であり、それが習慣化されることを目指したいのです。

私は、学習する力は、もともと子どもに備わっていると思っています。赤ちゃんが目の前のものに手を伸ばすことだって、そのものに対する好奇心であり、触って知ろうとしていることなのです。もちろん、危険なものや汚いものは排除しなくてはならないのですが、赤ちゃんの五感を育てるためには、興味の芽を摘み取らないようにしなくてはなりません。

それと同じように、言葉を発するようになった子どもが、「これ、なぁ〜に？」「どうしてそうなるの？」というような疑問形の話をしたときに、無視したり、「あとで」と言って放置したり（本当にあとで相手をするのならば話は別です）、いい加減なことを答えたりしては、子どもの知識欲は下がっていってしまいます。

学習習慣＝知識欲を満たす習慣

学習は強いるものではなく、積極的に向かっていくのが理想だと思います。**学習習**

慣を身につけるということは、知識欲を満たす習慣をつけることとほぼ同じです。子どもがなにかを知りたがったときに、教えられることは教える、わからないことは一緒に調べる。そういったことを日常生活の中でおこなっていれば、好奇心や知識欲が満たされたことに満足感を覚え、ときには達成感も持つことができるでしょう。

その面白さや一種の快感を覚えれば、学習習慣は身についてくるものです。また、子どもの知りたいことが難しくなってくると、解決が一段階ではなく、何段階ものステップを踏んでいくことになり、その作業そのものも楽しみになってくるのです。繰り返し、なにかを知っていくことを重ねていると、当然、それは習慣という形に変わり、将来的に、いわゆる勉強ということになっても、もっと知りたい、もっとわかるようになりたい、もっと解きたい……という意欲に進化していくと思います。

なによりも大切なのは、子どもの気持ちを萎えさせないことです。子どもは意外と繊細で、意外と親の顔色や状況を汲み取るものです。なにかを尋ねても、いい反応を得られないと「聞いても答えてもらえない」と思い込んでしまい、やがてはなにも聞かなくなったり、学ぶことに欲がなくなってしまうのです。

家庭のしつけ編

第 1 章

生活の中で身につける

家庭内のあいさつを徹底する

家庭でのあいさつが重要なことはすでにお伝えしましたが、家庭の中というのは、とかく馴れ合いのようになりがちで、あまりきちんとしたあいさつをしなくなっているような場合も見られます。それでも、子どもに外ではきちんとしたあいさつをして欲しいと願う親が多いようなのですが、**本当に気持ちを込めたあいさつをさせたいのであれば、外だけの台詞のようなあいさつの仕方を教えても意味がありません。**

あいさつは、その状況に合わせて心を込めてするものです。人と人との最初のコミュニケーションなのですから、その大切さは言うまでもありません。その人と会ったときから、気持ちよく過ごせるかどうかは、すべてあいさつにかかっているのです。気持ちよく過ごせる準備ができていれば、物事がうまく運ぶようになります。そしてまた、気持ちがよくなるのです。

朝一番の「おはようございます」は、寝起きの悪い子どもにこそ、いい効果が現れます。機嫌が悪いからといって、あいさつをさせることなく、ご機嫌をとってしまっては、いつまで経っても寝起きの悪い子どもになってしまいます。

寝起きのいい子どもですと、親が元気よく「おはよう」「おはようございます」と言っていると、直ぐにまねをして言うようになるでしょう。そうでなくても、親はあきらめずにあいさつをし続けましょう。あまりよろしくないと思うのは、「おはようございますはどうしたの？」というような言葉かけです。**催促されてあいさつを言うクセがついてしまう**のです。

「おはようございます」と声を掛けたら、ちょっと待ってみてください。子どもはやがて、そう言うものだと理解します。**ついに子どもの口から「おはようございます」が出てきたら、最初ははっきりしていなくても、嬉しそうに受け入れてやりましょう。**親が嬉しそうな表情になることは、子どもが一番好きなことなのです。

「いただきます」「ごちそうさまでした」「行ってまいります」「行ってらっしゃい」などのあいさつも、とにかく親の手本がなによりも欠くことができないことです。無理に言わせるよりも、しっかりと子どもの身につけた方が、いつでもきちんとしたあいさつができる子どもになります。

同じように「ありがとう」「ごめんなさい」も、親が見せて、聞かせて教えるものです。**親は、子どもにお礼を言ったり、謝ったりする場面をわざわざ探したり作ってでも、言っているところを見せる**のです。

とくに「ありがとう」は、言われると気持ちのいい言葉だということを知ることが大切です。自分の言葉や行動が、相手に感謝の気持ちを持たせ、そのことを伝えてもらうと、自分のしたことが受け入れられた喜びを感じられるのです。そう感じれば、次になにか嬉しいことがあったら、自分も言おうと思えるようになるのです。つまり、意味がわかって「ありがとう」と言えるようになるということです。

「ごめんなさい」も悪いことをしてしまったことを詫び、悪いことをしたことをわかっていることを伝えるという意味を知った上で言えるようになれば、本当に身についているということになります。

外で言えるようになるには、まずは家庭内でのあいさつを徹底すること。あいさつが当たり前のことになり、意味をわかってできるようになることが目標になるでしょう。コミュニケーションと相手を尊重することの基本です。

ていねいな振る舞いを つねに心がける

だれもが乱暴な行為は嫌いです。雑な行動は、はた目にも不愉快です。それなのに、子どもに対して、ていねいさを教えることが少ないように思います。むしろ、あまりていねいで、お行儀がいいことを「子どもらしくない」と評価する傾向さえあります。でも、**乱暴なことは子どもらしさではありません。**

まずは、親がその勘違いから抜け出す必要があるでしょう。赤ちゃんのころは、ものを投げたり、叩いたりしても仕方がありませんが、**一歳も過ぎれば、ていねいなあつかいや静かな行動がとれるようになる**ものです。

またか……と思われるかも知れませんが、一番大切なことは親の行動です。子育て中は、とても忙しいので、どうしても何事も急いでおこなうことになります。その結果、ものを置くときにドンと音がするような置き方になったり、バタンとドアを閉めたり、家の中をドタバタと歩き（走り）回ったりすることになっていませんか？

子どもにいい習慣を身につけようと思うのであれば、親はひと頑張りをしなくてはなりません。子どもにものを渡すときに、子どものほうを向けて渡す。子どもの前に食事を出すときに、できれば両手で静かに置く。絵本のページをゆっくりめくる。大きな足音を立てずに家の中を歩く。子どもにとっていい手本になることはいくらでもあるのです。

逆に、子どもにまねされたくない行動やクセもたくさんあると思います。冷蔵庫を後ろ手で閉める。急いでいると、靴のかかとを踏む。一歩を惜しんでものを放る。イライラして乱暴に家事をする。子どもは見ています。そして、それでいいと思ってしまいます。

最低限のていねいさを守る

ていねいな振る舞いが身についていると、急いでいても、最低限のていねいさは守れます。「いいから、早くしなさい！」子どもがていねいにおこなっていることを、こんなひとことでぶち壊していることもあるかもしれません

　また、**親のイライラが子どもを乱暴にさせていることもあります。**ガミガミも同じです。イラ立ちや、激しい言葉や、必要以上の体罰は、子どもにとても大きなストレスをかけます。子どもは、そのストレスを解消するために、乱暴になることがあります。それなのに、その粗暴《そぼう》さにまた、腹を立てて怒鳴ったりしたら、いつまでたっても波立ちは治まりません。

　親だって人間ですから、ときには感情的な気持ちになることもあります。でも、そこは人間たりとも親ですから、ものに当たるような雑な行動をせず、子どもを怒鳴って当たり散らすこともないように、子どもの中に育っている、ものを大切にして、誠実におこなう気持ちを損なわないようにしたいものです。

楽しい家庭作りを

親は子どもに、こんな風に育って欲しいとか、あんな人になって欲しいと夢を描きます。目標や理想を掲げることは決して悪いことではないのですが、家庭生活が心豊かでなければ、どんな夢にも到達することはできません。

心豊かな家庭とは、簡単に言うと楽しい家庭ということです。やたらと明るく、笑ってばかりいる必要はありません。もちろん、笑顔の絶えないことはなによりのことですが、それが手段になってしまっては、中身のない楽しさになってしまいます。

極端なことを言えば、ネグレクト（育児放棄）を含めて虐待がある家庭では、楽しいはずがないのは当然ですね。子どもは子どもだからと、おもちゃを与えて放ったらかしにしていては、どんなに豪華なおもちゃがあっても、子どもはちっとも楽しくありません。**子どもの人格を認めて、会話や一緒になにかをおこなうことがあって、初めて家庭の中に活気があふれ、楽しいものになる**のです。

子どもにとっての家庭の役割は、その最小単位の社会から、社会性や生きていく術《すべ》を学ぶことです。会話をたくさん持って、充分に接することで、子どもはぐんぐんと成長していきます。

子どもと会話をするというと（子どもの年齢にもよりますが）、あまり面白くないのが大人です。でも、その原因はなにかと考えてみてください。やたらと、子どもに合わせた話ばかりをしようとしていませんか？　子どもが喜ぶ話や子どもの身の周りの出来事ばかりを話そうとすると、行き詰まってしまうのは無理もありません。

もちろん、難しい社会問題を話すということではありませんが、親が感じたことや、親の身の回りの出来事を子どもにわかるように話してやれば、親も子どもも苦痛はありません。

一緒に遊ぶとか、絵本を読んでやるのも、家庭で過ごすことが楽しくなることです。**その中で、いろいろなことを得ていかれるように親は工夫をしてやってください。第一に心掛けたいのは会話です。**そのことを忘れずに、子どもと接していれば、子どもは楽しく過ごせるでしょう。楽しい思いをしながら、学んだことは、心地よく子どもに浸透していくのです。

親が手を抜くための
おもちゃは与えない

子どもが夢中でテレビを観ているとき、新しいおもちゃでわき目もふらず遊んでいるとき……親はホッとした気持ちになるかもしれません。そのために、手もかからず、目を離しても大丈夫そうなおもちゃを与えてはいませんか？

私から見ると、それは子どもをだましているようなものです。子どもは与えられたものに興味を持ち、真っ向からそれを楽しんでいるのでしょうけれど、親の気持ちは、それによって手を抜こうとしているのでは、どこかバランスが悪いです。

たしかに、親にも息抜きの時間は必要かもしれませんが、理想的なのは、子どもと穏やかに過ごしている時間が、親にとってホッとする時間になることなのです。手を抜きたい一心で、とにかく静かにしているおもちゃを選んでいては、人と接することができない子どもを作っているようなものです。

多くのおもちゃは、基本的に大人が一緒に遊んでやるようにできていると思います。そうして、**おもちゃの機能以上の成果を生むのがおもちゃというものではないでしょ**

うか。子どもと会話をしながら、一緒に遊んでこそ、子どもにとっていい時間になるのです。

おもちゃは、子どもの教育係でも、保育係でもありません。子どもを、まかせっきりにしていいほど優れたおもちゃなど、いまのところはありません。「おもちゃを与えているからいい」という気楽な気持ちで、実はネグレクトと言ってもいい状態にするのは、ぜひともやめていただきたいと思います。

親子が別のことをしてもよい目安

親子が同じ空間（部屋）にいながら、別々のことをしていても奇妙でないのは、子どもがひらがなを読めるようになってからが目安だと思います。自分で簡単な絵本を読めるようになったら、というのが、放っておく時間をとってもいい印です。

それでも、成長に合わせて、話しかけたり、質問をしたりするのが、家庭での子どもとの過ごし方の基本です。

親はいつでも冷静に

親子の関係において、親はいつも冷静でありたいと思います。とりわけ、怒り、イラ立ちに関しては、心をしずめていたいものです。子どもが相手であると考えれば、たいがいの能力において上位にある親が、なにも子どもの土俵まで下りて行って、ケンカ腰にものを言わなくてもいいと思うのですが、これがなかなかうまくいかないのが現実のようです。

一番簡単な方法は、子どもになにか感情をぶつけたくなったときに、一度呼吸を整えることです。深呼吸をしてもいいかもしれません。思い立ったときに、言葉も選ばず激しく感情をぶつけては、気の小さい子どもや幼い子どもは萎縮しますし、我の強い子どもや就学前ぐらいの年齢の子どもは反発するでしょう。

萎縮した子どもは、とにかく恐ろしいと感じていますから、泣き出してしまうでしょう。そうなると、泣き出したことにまた腹が立ってしまうという悪循環が起きます。やっと泣きやんだときには、子どもはどんなことを思っていると思いますか？
「お母さんが怒ると怖いから、今度から気をつけよう」と思うのです。それでは、**なにをしたことがよくなかったのか、なにを親は注意したかったのかはなにも伝わらなかったことになります。**

反発した子どもはどうでしょう。「口答えしないのっ！」と次の怒号を浴びるのではないでしょうか。あるいは、強烈な勢いでの言い争いになるかもしれません。そうなった場合、論点はずれてしまうのが常です。いわゆる口ゲンカをしていると、ケンカそのものが主になってしまって、論破するために関係ないことまで持ち出したりして、話はこじれる一方です。

客観的に考えると、**親が感情的になることで、いいことはない**ということがよくわかります。

怒りのエネルギーは、大人になっても、第三者との関係で、あまり放出しない方が円滑な関係を保つことができます。親がいつも感情的になっていると、子どももそういう感情表現が身についてしまいます。すぐ大声を出す子どもや大したことのないことでも手をあげる子どもの親は、感情的で自分の気持ちがおさえられない人が多いように見受けられます。

叱る場面は、教えるチャンス

子どもが失敗をしたとき、よくないことをしたときには、ひと呼吸したのちに、なぜそれがよくなかったかを冷静に言い聞かせます。そして「あなたは○○だったと思うけれど、こういうことになってしまったわね」と全否定をしないでたしなめましょう。失敗やよくないことという、できればない方がいいことでも、「だからあなたはダメなのよ」というように人格そのものを否定するような言い方をしては、子どもたりとも立場がありません。

立場を失えば、反省することも、学習することも低下してしまい、結局、その出来事によって、なにも得られなかったことになってしまうのです。親は普段から、子どもにいろいろなことを教えてやっていますが、その抜け目になっていることが、子どもの犯す失敗やいけないことだと思ってください。

ですから、**叱るようなことが起きたということは、教えるチャンスに恵まれたとい**

うことなのです。そのチャンスをつぶさずに、きちんと子どもに学習させることが親の役目です。

ちなみに喜怒哀楽のうち、感情的に表さない方がいいのは「怒」だけです。他の感情は、子どもの情緒にいい影響を与えますので、むやみに冷静でいることはないと思います。

命令ではなくLet'sで

生活にかかわることを子どもに教えたり、指示をするときに、厳しい口調の命令形で言っていませんか？「早くしなさい」「食べなさい」「やめなさい」「寝なさい」……一日中、命令ばかりされている子どもは、どんな気持ちがするでしょう。

しかも、命令形が得意な親に限って、自分はやっていないことがあるのです。それは、親は命令だけして、自分はしないというスタンスをとっているのでしょうが、それでは子どもはいい形で、言われたことをするようにはなりません。

「早くしなさいっ！」と言って、かたわらで仁王立ちをしている親の前で、**親の顔色を見ながらおこなうようでは、親が気に入るようなことをするということは身についても、やっていること自体が身につくとは思いにくい**のです。

同じことを言いたい場合でも「早くしましょう」という言い方に変えて、一緒にできることは一緒にする、子どもだけがすることでも、腰をかがめて同じ目の高さで見守っていれば、むしろ安心した気持ちで、早くしようと思うでしょう。

また、**子どもになにかをさせたいときに、脅しや交換条件もよくありません。**「おもちゃを片づけないと捨てちゃうわよ」とか「お片づけができたら、絵本を読んであげる」などという言い方をしている人も見かけます。脅しの場合は、要は脅されている内容＝おもちゃを捨てられることが嫌だということによって、片づけているに過ぎないので、おもちゃを片づける習慣にはなかなか結びつきません。

結びつかないと、親は勝手なもので「言っても、言ってもできるようにならない」と思い、ときには嘆くのです。でも、それはできるようにならない＝子どもの能力が低いわけではなく、親の言い方がよくなかった場合もあるということを知っておかなくてはなりません。

また、交換条件の場合は、子どもの中で条件同士のランクづけをさせることになってしまいます。子どもにとっては、おもちゃでも遊びたいし、絵本も読んでもらいたいというのは当然です。それを絵本のためにおもちゃを片づけるという選択を強いるような言い方は、あまり感心できるものではありません。

子どもにやらせたいことが、子どもが身につけたほうがいいことであったり、当たり前のように子ども自身がすべきことである場合、「さあ、○○をしましょう」という言い方のほうが、やる気が起きるのも事実です。**親は子どもにものを言うときに、その言い方を自分がされたらどう感じるかをよく考えるべきです。そして、どう言われたらより受け入れやすいかを考えてみましょう。**

高圧的な言い方、強制的な言い方、意味もわからないまま指示されることなどは、不快なものではありませんか？　子どもに対してであれば、そんな言い方でいいという考えがあるとしたら、それもいかがなものかと思います。

子どもはあらゆることを親から学びます。親から命令形でばかりものを言われていると、お友達ができたときに、お友達に命令することになりかねません。「あ〜あ、またなの？　あなたって本当に……」などと親がため息をついて言っていると、自然に子どもの口からそんな言い方やため息が出てしまっていることをご存じですか？

子どもを見ていると、親の口癖や言い回しがよくわかります。そして、厳しい言い方、厳しい育て方のわりにいい習慣が身についていなかったり、普通にできそうなことができなかったりすると、子どもとの関係、子育てに反省すべき点があると思わなくてはならないでしょう。子は親の鏡ですからね。

季節の行事を ていねいにおこなう

現代社会の中では、親の世代でも、季節感がとぼしく、古来ある年中行事にうとい人も多いのではないでしょうか。あまり詳しくない人は、歳時記などをひもといてみるといいでしょう。四季のある日本には、たくさんの情緒ある行事があります。

さらに、最近ではクリスマスのみならず、ハロウィーン、イースターなどの西洋由来の行事も楽しむようになっています。和洋にかかわらず、宗教的な意味合いがある場合がありますが、いまの日本の社会では、極端になにかの宗教だけに固執する文化がありませんので、一般におこなわれている季節感のある行事は、取り入れてはいかがかと思います。

季節の行事は、とても楽しく過ごせるものばかりなので、飾りつけをしたり、歌を歌ったり、ふさわしい食べ物を用意したりして、日常生活のメリハリにもなるでしょう。**とくに飾りつけは、子どもと一緒に工作をすることになり、手先の器用さを養う**

ことができますし、親のやり方を見て、切る、貼る、塗る、形を作るなどの技術を学び取ることができるのです。

歌を歌うことも、親が楽器を演奏できれば、伴奏をしてやったり、子どもにもカスタネットやトライアングルなどの簡単な楽器を持たせたりして、楽しい時間を過ごすいい機会になります。

食べ物に関しては、どうしてその行事にその食べ物なのかということも興味深く何年にも渡って話していかれますし、そこにある季節感、旬なども感じ取ることができます。さらに、子どもの成長に合わせて、買い物から料理まで、一緒にすれば、かなり価値ある体験になると思います。

また、行事に合わせたグリーティングカードを書いて、家族や祖父母、友人などに送るのもいいでしょう。カードを書く習慣から、手紙を書いたり、文章を書くことに興味を持つこともあります。なんでも電子化している昨今ではありますが、子どもが絵を描いたカードは、温かみもあり、成長の報告にもなりますので、ぜひやってみていただきたいことのひとつです。

家庭のしつけ編

第2章

自主性、人間性を育てる

自分の意思でやっていると思うことが大切

親の望みの中に、自主性のある子どもになって欲しい、積極的な子どもになって欲しいというものがあります。その気持ちはよくわかりますし、能動的に物事がおこなえるようにならなくては、将来が心配になってしまいます。

でも、自主性というものは、教え込んで身につくものではないと思います。自分の考えや意思を持つことまでは、自然にできるようになることですが、それを行動に移すのはなかなか難しいことです。

また、言われなくてもできるようになって欲しいことに限って、言われなくてはやらないという悩みも親にはついて回ります。たとえば、子ども自身の身の回りのことなどがいい例です。

私は、**子どもになにかをやらせようと思ったときに、直接「○○をしなさい」とはあまり言ってきませんでした。そうしてやらせると、子どもの中に「やらされてい**

る」という感覚が残って、自分でおこなった気がしないからです。

たとえば、朝起きて、自分の寝ていた布団を整えさせようとするときに、

「お布団をきちんとしなさい」

と言うのではなく、布団を指し示して、

「このままでは、夜になっても寝られないわね」

とヒントを出すのです。言ってみれば、誘導です。そこまでの投げかけで、ハッと気づかないうちは、そう言いながら親がやって見せればいいと思います。その時点で、すべきことを指示すると、ときには仕方なくやっている感じになるのです。

子どもが「そうか！」と気づいて、布団を整え始めたら、

「よく気がついたわね」

と褒めてやることを忘れずに。**自分で積極的にやったことを、褒められたという気分は、かなり充実感を感じるものですし、やってよかったという自分の行動に対する肯定感も感じる**のです。やってよかったことは、またやることになりますから、徐々にしっかりと身につき、自分の意思でおこなうことにつながってきます。

そのようにして、ひとつ一つのことを、親の誘導によっておこなっていくと、なに

か自分で思いついたことや、やりたいと思ったことを行動に移せるようになってきます。くれぐれも、焦りは禁物です。

一度の指示や、命令、あるいは説明や誘導で、一気に自主性のある子どもになどなるはずもありません。

また、本当に子どもが自分の意思でなにかをおこなったときに、否定しないのも大切なポイントです。決定的に悪いことであったり、あまりにも意味のないことまで受け入れる必要はありませんが、**自主的におこなったたいがいのことは、まずは思いついたことを褒め、次に行動したことを認め、もしも、結果的に必要のないことだったとしたら、最後にそのことを教えてやればいいのです。**

場合によっては、何度かやっているうちに、自分で気づくかもしれません。

「なぁ～んだ、意味がなかった」

そう思うことに到達できれば、それからは、自分の発想を見極めた上で、自主的な行動に移せるように成長していくでしょう。

最終的に身につけたいのは「能動力」

前項でお話したように、意思を持つところまでは、放っておいてもかなりの場合、備わってくると思います。ただ、本当に必要なことは、それをもう一歩前進させて、自力でおこなえるようになることです。

積極性とも似ていますが、そこまで突き進む感じまでいかなくても、自分からおこなうこと、自分から思い立つことを表す力のことを、私は「能動力」と呼んでいます。この「能動力」を、ぜひ身につけていただきたいところです。

親は、子どものことを赤ちゃんあつかいしがちです。いつまでもなにもできない、なにもわからないと思ってしまう傾向があるので、ついつい手を差し伸べたり、口を出したりするのです。

でも、子どもは日々刻々と成長しています。手助けをしたり、指示を出したりばかりしていては、なかなか「能動力」は身につきません。もちろん、ほったらかしはいけませんが、少し距離を置いて、子どもの成長を眺めるぐらいの気持ちを持って、それに則した対応をしなくては成長のじゃまになってしまいます。

「子離れができない親」が、語られることがありますが、この言葉、子どもの年齢はいくつぐらいだと思いますか？　幼稚園など外に子ども独自の社会を持ったときですか？　自分で行動できるようになる小学生になったころですか？　あるいは、中学生？　成人？　それとも、いくつになっても特にする必要はないですか？

私は、子どもの人格というものを考えると、この世に生まれ出てきたら、もはや子離れは始まっていると思うのです。子どもサイドから見れば、親離れですね。乳飲み子に、自分で生活しろと言っても無理な話ではありますが、それでも、お腹が空けばおっぱいを求めて泣くわけですし、オムツが汚れていても泣くわけです。

これは、完全に別人格として存在しているということで、**成長に合わせて、子ども自身にまかせることをしていかなくては、能動的に生きることとさえ身についていかないでしょう。**

ですから私は、わざわざ「親離れ」「子離れ」などと言う必要はないとさえ思っているのです。親子と言えども、別の肉体を持ち、別の人格である限り、親が権限があるように入り込んでは、子どもの人格を失してしまうのではないかと案じます。子どものすべきことを誘導して、子ども自身に気づかせて、おこなわせたら、それ以上のことは必要ないと思います。さんざん手や口を出してしまった上で、「うちの子は自分ではなにもできなくて……」と嘆いても、そうしたのは、その親に他ならないのですから、親自身の恥をさらしているようなものです。そうお話しすると、「そんなに子どもを信じていいのですか?」と聞かれることがあります。おかしな質問だと私は思います。成長度合を見極めて、まかせられることはまかせていれば、その時点で信じるも信じないもありません。子ども自身の問題です。

ただし、まだまだ未熟な部分を、子どもまかせにするのは論外です。それは、ネグレクトのようなものです。**適度な距離感を持って、子どもを見守りながら、導いてやる。それを子どもは受け止めて、自分の力で考え、解決し、行動していく。**そのプロセスを楽しめるぐらいの、気持ちの余裕を親は持っていたいものです。

そうすれば、子どもは自然と「能動力」を身につけ、自分の人生を自分で切り開いていこうとするでしょう。

うそをつかないようにするには

「うそをついてはいけません」

そんなことを教える必要はありません。うそをつくのがいけないことだということは知っているべきですが、子どもの中に「うそ」という概念がなければ、うそなどつくようにはならないからです。

人間は、初めからうそをつくことを知っているわけではないはずです。なにかに困ったり、なにかを隠さなくてはならないと思ったときに、自己防衛の方法として、うそをつくようになるのです。

なに（だれ）から自分を防衛しようとするのかと考えると、子どもの場合、ほとんどは親、家族ということになるでしょう。そして、うそをつく人が回避したいのは、叱られることや責められることです。

なにかにつけて、怒った口調でものを言われている子どもは、その口調から逃れたいと考えています。そこに知恵がついてくると、前にこう言って怒られたから、今度は違うことを言って怒られないようにしようと考えつくのです。

つまり、子どもがうそをつくようになるのは、自発的になるのではなく、親がつかせているようなものだと私は思います。

怒られる場合だけではありません。褒められたり、愛情を感じることが少ないと、褒められそうなことや愛されそうなことを想定して、うそをつくことを思いついてしまうのです。

ですから、子どものしたことや言ったことを、いったん受け入れて、注意すべきことや教えるべきことを（きちんと冷静に）教えていれば、なにもわざわざ本当ではないことを言って、よく思われる必要などなくなります。

もしも、うそをつくことが気になる子どもの場合は、**そういった流れを親が反省して、まずは、ついたうそを頭ごなしに怒鳴ったりせずに、その理由をていねいに解いていって、もううそをつかなくてもいいようにしてやるといいでしょう。**

うそをつくのは、本当は辛いことです。子どもに必要のない辛い思いをさせないようにしましょう。

子どものためになる愛情のかけ方を

子どもの人格を尊重して、なるべく自主性を育つようにするというと、愛情が欠けてしまうように思われることがありました。冷たいのではないかと言われたこともあります。

それでは、べったりと密着して、できることも取り上げてまで世話をやき、大きくなっても抱っこしたり、社会と隔絶せんばかりに守り抜こうとすることが、愛情をかけていると言えるのでしょうか。

正直に言えば、赤ちゃんあつかいして、いつまでも手元に置いておきたい気持ちは、私にもあったと思います。**子どもが危なっかしく、なにかに挑戦しているのを手も口も出さずに見守るのは、勇気もエネルギーもいること**です。

その勇気やエネルギーは、深い愛情がなくては発揮することができません。ベタベタするのは簡単です。過保護にするのは、親の自己満足につながります。でも、けっして子どものためにはなりません。

本当に子どものためになる愛情のかけ方を実行することが、子どものためだとは思いませんか？　そして、そのことが子どもに伝わることがとても重要なのです。

たとえば、子どもがおそるおそる新しい世界に入ろうとしているとき、不安に思って振り返ったときに、見守っている親の姿があれば、子どもは奮起して前進するでしょう。

子どもが自分で考えて、行動を起こしたときに、笑顔で褒めてもらえたら、どんなにか安心し、親の愛情を感じ、親の存在に感謝することでしょう。

あるいは、ときには甘えたい気持ちになったとき、親が手をつないだり、抱きしめたりして受け入れてくれたら、深い愛情を感じ取るでしょう。

愛情の示しどきはタイミングだと思います。愛されていると実感することが、子どもに有効に作用するように示してやるのです。

いいタイミングで、愛されているとキャッチすることができると、子どもは自分に対して肯定感を持ちます。大げさに言うと、生きている喜びを感じるのです。

自己肯定感と言うと、ちょっと言葉が硬くなりますが、自信を持つと言ってもいいかもしれません。

いつも怒られたり、やりたいことを取り上げられてばかりいると、

「自分は一体なんなのだろう？」

と、子どもなりの不安を抱いてしまうのです。また、**なにをしても否定され続けると、なにもしないという選択をしてしまう**のです。

最悪の場合、子どもはなにもしないことに慣れてしまって、楽だとさえ思う。親は、やりたい放題こねくり回して満足する。子どもは親の言うことさえ聞いていれば、王様気分を味わえ、親は「よく言うことを聞く子」だと思い込んでさらなる満足をするという悪循環が起こります。

そして、それはやがて、社会性もなく、人の気持ちもわからない、手のつけられない人間を作り上げてしまうのです。そんな人間を作り上げてしまうことを、愛情をかけているとは言えません。

親は、子どもが死ぬまで面倒を見るわけにはいかないのですから、子どもが社会の中で自分の人生をまっとうできるように、子どものためになる愛情をかけて育てなくてはならないのです。

よいことも悪いことも まずは聞き入れる

子どもの言うことは、筋が通っていないことも少なくありません。また、先にお話ししたうそをつくことを覚えてしまっている子どもだと、なにを言っているのか信用できないこともあります。

それでも、**子どもがなにかを言っているときには、なにか伝えたいことがあるときですから、ひとまずは聞き入れる態度を見せなくてはなりません。**

たとえそれが、おかしな理屈でも、なにかずれたことを言っていても、親に対して話そうとしている気持ちをまずは認めることが大切です。

「バカなこと言ってるんじゃないの！」

などと一蹴してしまっては、子どもは話す気力を失ってしまいます。それは、大事なコミュニケーションを欠くきっかけと言ってもいいでしょう。

子どもがツベコベ言うようになると、腹立たしい思いをすることもあるでしょう。

そんなときに、親の気持ちを納める方法をお教えしましょう。

赤ちゃんが生まれて、最初は、おっぱいを飲んで、泣いて、寝て……それしかできなかったのです。いろいろな動きができるようになっても、お話ができるまでにはどれだけ時間がかかったことでしょう。初めて聞いた「ママ」という言葉。そのときの感動を思い出してください。

そんな赤ちゃんだった子どもが、親が腹が立つほど、通じる話をするようになったのです。神秘だと思いませんか？　すごい進化ではありませんか？　そう思えば、わけのわからない話でも、聞く気になれるというものでしょう。いかがでしょうか。

子どもの話が、筋が通っていなければ、言いたいことが理解できるまで、質問をして話を聞き続ければいいのです。きっとやがて理解できるようになります。中には、わかったところで、訂正しなくてはならないこともあると思います。

そのときには、**子どもの話を聞いたときと同じぐらい時間をかけてでも、子どもが理解して納得した顔になるまで、説明を続ければいい**のです。

肝心なのは、まずは聞き入れることで、親が子どもを認めていることを伝えることです。

聞き入れることができたら、内容についてあつかっていきましょう。内容はわかりにくかったり、ときにはメチャクチャだったりもするでしょう。それでもいいのです。目を見てうなずいて、ときにはあいづちを打ってやりましょう。

子どもが話したいことを、途中でさえぎることはやめましょう。もしも、時間がなくて聞けないときは、「あとで」を言い聞かせ、必ずその日のうちにその話を聞きまで（「あとでのルール」と呼んでいます）、対応してやりましょう。もしかすると、それまで子どもは自分の言いたいことを覚えていないかもしれませんが、そのときはそのときです。子どもも気にならないはずです。

子どもの話は全編を聞かないと理解しにくいことも多く、意外な展開をするものです。

「リンゴを描こうと思ったら、赤いクレヨンがなくてね……」

と話し始めたとします。親は、他の色で塗った話だと思い込んで、

「で、何色で塗ったの？」

と話を奪ってしまうことがあります。これはNG。親は上手なインタビュアーになりましょう。これは、子どものことをよく知るためのとても有効な時間なのです。そして、子どもの独自性が磨かれるのです。

起きたことを人やもののせいにしないようにする

だれでも失敗をすることはあります。その原因は、知っておいたほうがいい場合がほとんどです。たとえば、グラスに入ったジュースをこぼしたとします。明らかに、グラスの向こう側のものをとろうとしたときの不注意が原因であれば、しっかりそのことを説明して認識させ、**反省とともに、同じことを繰り返さないように学習させればいいのです。**

でも、そのとき、

「だって、ママがこんなところに置いたからいけないんだ」

などと理屈を言うようだったら、注意をしなくてはなりません。そこにこれがなければ、このことは起きなかったという、仮定の言い分（いわゆる「たら・れば」）を認めていると、なんでも自分以外に原因があるというクセがつき、前述のような学習ができなくなるのです。

学習ができないということは、その出来事について、**また同じことを繰り返すかもしれないということですし、原因になる物事を見つければ、自分の責任がなくなるという責任逃れの体質を作ってしまう**のです。

それでも、世の中にはまったく自分には原因がないこともあります。もしも、ただ立っていただけなのに、どこかからボールが飛んできて怪我をしたとします。そんなときに、そこに自分がいたのがいけないという発想はいりません。

そういう場合は、人のいるところに投げてしまった人がいけないのであって、当てられた人に罪はありません。そんなことまで自責してしまうと、苦しい人生になってしまいます。しかも、そんな自責は、なんの解決にもなりません。（その理屈を突き詰めると、自分がいなければいいということになってしまいます）

責任の有無は、親が一緒に考えて、しっかり教えてやらなくてはなりません。原因が自分にある、自分に責任がある出来事の場合は、それを受け止め、謝るところは謝り、原状回復させるべきものは回復させるという、大人と同じような対応を子ども仕様でやらせてください。

家庭のしつけ編

第 3 章

社会性を養う

よいこと、いけないことを教えるには

よいこと、いけないことはどのように教えたらいいでしょう。よいことといけないことの区別が必要になるのは、自分以外の人がいる場合です。ですから、**家族という最小単位の社会から始まって、社会というものを理解することが、善悪を理解する近道と言えるでしょう。**

なぜルールがあり、それを守らなくてはいけないのか。守らないことは、どうしていけないのか。社会というものは、多くの人が一緒に生きているのだということを認識させたいのです。

自分だけではないから、人の嫌がることをしてはいけないのだし、迷惑をかけてはいけないのです。したがって、人のものを取ったり、人のじゃまになるように騒がしくすることはいけないことなのです。

また、人のものを壊したり、生きものを傷つけることもいけないことです。壊された人の気持ち、傷つけられたもの気持ちを教えてやりましょう。自分がされたらどうかということを入り口にして話すといいと思います。

批判や悪口は感心できませんが、危ないことをしている人や、迷惑なことをしている人を見かけたら、その行為がいけないことだということを話してやります。なぜいけないかということまで理解できないうちは、単に行為そのものをいけないことだと教えればいいでしょう。

それで納得しない年齢になったり、納得しない子どもだったら、前述のような社会というものを理解するための説明をしてやれば、子どもなりにも、世の中には善と悪があることを知ることができます。

よいことについては、思いやりの気持ちを持っていれば、自然に言葉や行動に出てくるものなので、いけないことに比べて神経質に教え込まなくてもいいように思います。

親がやって見せることも、よいことの理解につながりやすいことです。よいことをしたときに、誰かが喜んでくれたとか、なにかの役に立ったことを説明すれば、自然とその行為がよいことだと理解していくものです。

相手による言葉遣いの違いを教えるには

大人の中には、子どもが友達のように口をきくのを可愛いと感じる人もいるようですが、私はあまりいいことだと思えません。不快に感じる人もいますし、なによりも将来的に、目上の人に対して敬語で話せないようになっては困ります。

「ポイント3」でお示ししたように、省略した言葉や、乱暴な言葉は、親が教えなくても必ずそのうち覚えていきます。ですから、親は「です・ます」を使った会話を教えたほうがいいと思います。親子で「です・ます」は堅苦しいと思われるかもしれませんが、慣れてしまうと大した問題ではありません。

「です・ます」が身についていれば、いかなる場合でも失礼をしてしまうことはありません。ただし、どういう場合は敬語を使うべきかをそれとなく教えておいたほうがいいとも言えます。

それもまた、親が手本を見せることしかありません。身近なところでは、祖父母と話すときに敬語を使うというのはいかがでしょう。とくに自分の親ではなく、義理の親と話すときには、敬語を使っていることが多いと思いますので、そういう場面をよく見聞きさせると、子どもが自然になじみます。

また、手始めには、単語だけの会話をしないようにするのもいいでしょう。

「○○ちゃんは、なんのおもちゃが好きですか？」

と聞かれたときに、

「お人形」

と単語だけで答える子どもは多いものです。そんなときに、文末に「です」をつけるだけで、ひとつのていねいな文章になります。**その程度のことは省略させないで、単語ではなく文章でコミュニケーションを取るように習慣づけます。**

ていねいな言葉や敬語を使えるようになる基本は、文章で話すことができることです。子どもが単語だけで済むような会話をしないで、きちんと最後まで話させるようにしましょう。

公共のマナーを教えるには

子どもも一人の人間である限り、公共のマナーを守らなくてはなりません。周りの人に関係なく、大声を出して走り回る子どもを目にすることもありますが、そのように迷惑をかけることは、とても重大なマナー違反です。

子どもだから仕方がないとか、そうさせておけば親にとって手がかからないなど、自己中心的な考えで、マナーを教えないのでは、親としての義務をおこたっていると言えるでしょう。

子どもに公共のマナーを教えるのは、絶対的に親の責任です。たとえ、幼稚園や小学校に通うようになっても、先生が教えてくれると思ってはいけないことです。もっと言えば、先生に迷惑をかけないように育てるのも親の責任です。

公共のマナーを教えるには、実際の公共の場に出向くのが、一番確実です。それ以前に、絵本などを通して、教えておくことも必要です。その場合は、なにもマナー絵本などである必要はありません。

普通に動物が出てくるお話とか、悪者を退治しに行くお話でも、必ず教えの要素が含まれていますし、それに添わずとも、描かれている状況について、

「こんなところで遊んだら、危ないわね」

などと付け加えて話してやることで、楽しくマナーを学んでいかれるでしょう。

外出しながら教える場合には、まず最初に危険回避について教えましょう。子どもは、どんなことでも興味深く、一所懸命に話を聞くので、マナーの話をしているときに、危険な目に遭っては話になりません。

道を通行しているときには走らないとか、周りに目を配って行動しなくてはならないなど、自分を危険から守ることを教えます。少し大きくなったら、自分が危険な目に遭うことは、遭わせることになった人に対する迷惑だということも理解させたいところです。

電車の中などでは、皆が静かに乗車しているわけですから、その雰囲気をとらえさせて、どうやって乗っているのがふさわしい態度なのかを考えさせましょう。親が、ギュウギュウに言って静かにさせるよりも、子どもに考えさせて、子どもの口から言

わせたほうが、しっかりと守れるようになります。

公共のマナーと言っても、基本的には家庭内でのことと性質は同じです。要は、**自分と自分以外の人がいる中で、自分も相手も不快な思いをしないような過ごし方をするための気配りがマナーなのです。**

「親しい仲にも礼儀あり」と言いますが、家庭内でも、最低限のマナーはあるはずです。家族ですから、あまりギクシャクとするほどの礼儀は必要ありませんが、目の前をズカズカと横切ったり、相手の嫌がることをしたり、家族のしていることのじゃまをするようなことは、しないのが当然ですね。

そのような基本的なマナーが、家庭内で身についていれば、公共の場に出ても、ほんの少しの注意を与えたり、考えさせたりするぐらいで、極端に困ることはないでしょう。

そのためにも、家庭内でよく話をしたり、絵本を読み聞かせたり、親と一緒に外出したりという経験を積むことが重要になってくるのです。

他人のことを考える習慣をつける

自分以外の人のことを考えることは、子どもにとってけっこう高度なことだと思います。自分の意思を伝えるのもままならないこともあるのに、自分のことを考えるのも難しいのに、さらに自分以外の人のことなんて、無理ではないかと思われるかもしれません。

でも、子どもの順応性や吸収力は、大人の想像を超えるものです。**自分のことを身につけながらも、同時に周りのことを知っていくことも可能だと思います。**人間社会の中で生きていく上では、必ず自分以外の人との接点がありますから、早いうちにそれを理解しておくのもいいことだと思います。

他人のことを考えるようになる第一歩には、絵本がいい手段です。ひとり芝居のような絵本はめったにありませんから、主人公の気持ちになりつつも、登場するすべての人物や動物との接点を見て、関係性や、お互いがお互いのことを考えていることを知っていくのです。

絵本は単にその中にあるストーリーを読み聞かせるだけでなく、場面ごとに登場人物の気持ちを話し合ったり、自分ならどうするか、なんと言うかを考えさせたりすることで、幅広く、社会に出ているのと同じような体験ができます。

相手のことを考えるには、まずは自分に置きかえるのがわかりやすいでしょう。自分だったら、どう感じたかを想像すれば、自ずと相手の気持ちをおもんぱかる習慣が身についてきます。

また、「ポイント7」でもお伝えしたように、日ごろから、失敗をしたり、悲しい思いをしたり、痛い目に遭ったりという経験を積んでいくことも必要です。いくら言葉で、こういうことがあるとこんなに悲しいのだと言われても、いくら絵本に、泣きじゃくる登場人物が描かれていても、自分に経験がないと、なかなかしっかりと受け止めることはできません。


人に優しくするということも、自分が優しくされたときの嬉しさがあって、初めてできるものです。ですから、子どもにはしつけをしなくてはならないという一心で、親が厳しいことばかり言っていると、他人にも厳しいばかりの子どもになりかねないのです。ときには無条件で抱き締めたり、優しくすることも、子どもが他人のことを考えられるようになるための要素です。

同じことばかり言うことになりますが、同時に、**親が他人に優しくしているところを見せてやることも忘れずにおこなってください。**あるいは、

「おばあさまが好きだから、このお菓子を持っていってあげましょう」

と、相手のために考えたことを口に出すことも、子どもにいい影響を与えるでしょう。少しでも、自分以外の人のことを考えられるようになったと思ったら、子どもと相談してなにかをするのもいい方法だと思います。

「きょうは、パパのお誕生日だから、なにをしてあげようかしら？」

と持ちかけると、子どもは喜んで、父親のためを思って頭をめぐらせます。

日ごろから自分以外の人のことを考える機会が多ければ、いつでも容易にその思考回路を働かせることができるようになります。なにかがあったときに、急に思いやりを発揮するなどということは、期待しても無理です。

家庭は最小単位の社会

最近気になっているのが、どうも子育てが人まかせになってきている傾向があるということです。これまでは、当然家庭で教えていたことも、幼稚園や学校が教えてくれるべきだと思い込み、教えてくれないことに抗議をする親が増えているようです。

未就学児の教育は、家庭がすべてだと言っても過言ではないと私は思います。日常から学んだことが、子どものすることにすべて反映するのです。家庭内のことはどうでもいいと、気楽にばかり過ごしていると、子どもはなにも学べません。

家庭の中の、自然なコミュニケーションによって、子どもに必要な知識も、生きていく技術も、喜怒哀楽も、考え方も少しずつ身につけていくのです。

家庭環境の中で、一番大切だと思うことは、家庭内が楽しいということです。**笑いが絶えないというようなことだけでなく、子どもの好奇心も満たされ、知識欲にも対応し、人とともに生きることが幸せなことだということを知っていく**のです。

この先の長い一生を生きていくにあたって、人との接点も避けられません。家庭での人との接点は、その予行演習のようなものです。**家族同士でも、相手を尊重することを忘れずに、ていねいな対応をし、お互いを大切に思っていることが、家庭内にあふれていれば、家族以外の人がかかわる社会のことも、少しずつ学んでいかれるでしょう。**

社会のルールは家庭で学ぶ

家庭は当たり前のように存在するものなので、大人でもそれが最小単位の社会だと気づかずにいることもあります。でも、家庭という社会を軽視しては、社会に対する意識も深まりません。

子どもにとって、家庭がいかに大きな影響を与えるかを、親は再度確認して欲しいと思います。

そして、人格形成の時期を明るく楽しく、有意義に過ごさせるためにも、親はちょっとの努力が必要です。

難しい努力ではありません。子どもの目線を理解し、ときにはともに無邪気になることも子どものためのささやかな努力です。疲れていても、なるべくわかりやすいコミュニケーションをとり、家族のきずなを実感できるようにしてやりましょう。

生まれたときからずっと見ている親だからこそ、血のつながった親だからこそできる家庭教育は、子どもの生涯で一番最初の教育であり、人生に一番大きな影響を与えると思います。育児書に頼るより、専門家にまかせるより、とにかく全身で子育てにぶつかってみてください。

家庭のしつけ編

第 4 章

生活習慣を身につける

洋服を着る、脱ぐ

洋服の脱ぎ着は、子どもが比較的自分で取り組みやすいことです。「自分でやる〜〜〜」と言い出すことも多いでしょう。それなのに、時間がないとか、面倒臭いという理由で、親がやってしまうことがあります。これは、実にもったいない。

子どもにできてもできなくても、やる気があるときはチャンスですので、ひとまずまかせてみましょう。

やりたがっていないときに、一所懸命に教えようとしても、上達はしませんし、なによりも嫌いになってしまいます。喜んで挑戦させることが、技術が身につくことにつながりますし、そのまま自分で自分のことをする習慣になるのです。

初めは、ボタンやファスナーのないパジャマなどを脱ぐことから始めるといいでしょう。特にやってみようと思っていないときでも、「やらせる」という感じではなく、「自分で脱いでみる？」と、働きかけてみましょう。

「できるかな？」と、少しお遊び感覚を匂わせると、子どもは喜んでやってみようと思います。最初は上手ではなくても、頑張って脱げたときには、漏れなく褒めることを忘れずに。そでが裏返しになったりしますが、初めは親が直して見せて、たたむところまで一連の流れとして見せていきましょう。

自分でできるようになったら、それをそばから直さないことも子どもの気持ちを損なわない秘訣です。自分でできた気持ちにさせると、またやる気が湧くものです。

そのほか手始めに簡単なこととしては、上着などをハンガーに掛けることがあります。簡単にできることのわりには、大人になってもずっと日常的に必要なことになりますので、楽しんでできるようにしましょう。

ボタンや蝶結び、ひも通しなども、生きる技術として、幼児期に身につけたいことです。私は、子どもたちにフェルトでできた練習帳のようなものを与えていました。ボタンを外すと、扉の中にかわいらしい絵が描いてあり、それを見終わったら、お片づけのようにボタンを締めるようなものでした。ある程度できるようになったら、実践させると励みになります。ボタンのある洋服の脱着も、時間に余裕を見て、子どもにまかせればＯＫです。

靴を脱ぐ、そろえる

靴を脱ぐことは、かなり幼くてもできることですが、脱いだ靴をそろえる習慣は、意外と身につきにくいことのようです。子どもがすんなりとできるようになるためには、やはり親がやっているかどうかが、どうしても必要になってきます。

ほかの家族の靴が、玄関に散らかっているのに、子どもの靴だけをそろえようと思っても、自然にできるようにはならないでしょう。**忙しくても、靴の数が多くても「脱いだらそろえる」を一連の動作として、自分のものにすることが目標**です。

あるところで、子どものプレイコーナーを見ていたときのことです。おもちゃがたくさんあるプレイマットの上で、三～四人の子どもが遊んでいました。おもちゃを取り合ったり、譲ったり、ときには泣き出したり……ちょっとした人間模様でした。

周りで見ている親の対応も興味深かったのですが、おもちゃの取りっこになったときに、別のおもちゃを渡したり、すんなり貸してあげて自分は違うおもちゃを探すなど、望ましい対応をする子どもの親は、そういった場面に出合うと、必ず「お友達に貸してあげて、いい子だったわね」などと褒める言葉を掛けてやっていました。

さらに、よく見ていると、トラブルを起こしている子どもの靴は、脱ぎ散らかしていることに気づきました。親も、とくにそろえてやることもしません。

家庭でのしつけがものを言っているシーンです。**自分のことを自分できちんとするようにしつけられている子どもは、普段から整然とした判断ができるように育っている場合が多く、トラブルを起こしませんし、巻き込まれることも少ないようです。**

自分が脱いだ靴をそろえるということが、当たり前にできる子どもは、いい成長をしていると言ってもいいでしょう。

子どもにとって、たとえ新しいことでも、日常的におこなっていれば、無理なく習慣になります。習慣になってしまえば、なにも苦痛でもありませんし、むしろ、そろえないと気持ちが悪いという感覚になるでしょう。

いい習慣を身につけることは、子どもにとって、生涯役に立つものです。幼いころから、まずは見せてやり、少しずつ自分でもやらせていけば、きちんとしつけられた子どもになるのです。

朝食をとる習慣をつける

医学的な側面、脳科学的な側面からも、朝食の重要性は語られています。私は専門的なことはわかりませんが、生活の正しいリズムを身につけるために、朝食をとるということはとても大切だと思っています。

朝食をとらない人に理由を聞くと、時間がない、食欲がないなどの理由を聞くことができます。おそらく、時間がないということと食欲がないということは同じ原因だと思われます。たぶん早起きをしないからでしょう。

子どもの場合、親が作ってやらなくては食べられません。親は、子どものいい習慣、正しいリズムのためにも、朝食の用意をしてやるべきだと思います。そのためには、**親も早く起きる必要がありますが、そんな時間も取れないような生活をしているのだとすれば、親の生活改善にこの際、取り組むべきです。**

私の子どもたちは、三人とももう成人ですが、いまでも全員、必ず朝食をとります。

朝九時に家を出て通勤する長男は六時半、八時に家を出て通勤する次男は六時に起きます。早めに起きて、ゴミ出しやペットの世話、朝食の支度の手伝いなどをして、会話を楽しみながら朝食をとり、新聞に目を通し、シャワーを浴びて出掛けます。

大学生の娘は、クラブ活動で朝がとても早いこともありますが、五時に家を出るときでも、四時過ぎに起きて、朝食をとって出掛けます。朝食をとらないと、気持ちが悪くなると言っています。

正直なところ、母親である私にとって、四時から朝食を作ったり、時間差で何回も朝食の用意をするのは、楽ではありません。でも、せっかく身についている習慣なので、損なうことがないように頑張っています。

それだけのおかげでもないでしょうが、三人とも健康に恵まれ、仕事に学校にスポーツに趣味に……と人生を謳歌しているようです。

大人の中には、すでに朝食をとらないことが習慣になっている人もいると思いますが、子どもの親としては、子どものためにも朝食の習慣、そのための少し早起きをする習慣を始めてはいかがかと思います。

食べ物の好き嫌いを作らない

子どもに関する悩みの中で、食べ物の好き嫌いを挙げる親がいます。アレルギー体質でもない限り、好き嫌いはあとから作られたものですので、回避することは可能だと思います。

よく、嫌いな食べ物をごまかして食べさせるという話を聞きますが、私はあまりいいことだと思いません。**ありのままの食材を受け入れられるようにしてやりたいと思います。**

好き嫌いの始まりは、親の思い込みであることもあります。「子どもはニンジンが嫌いだろう」と思って、無理に食べさせるようなことをしたり、まったく食卓に上げなかったりすると、子どもは本当にニンジンが嫌いになります。

また、親の好き嫌いで、食事に出てこない食材があれば、子どもも食べず嫌いになることがあります。（もちろん、家で食べないものでも、食べられるようになること

も多々あります）

とてもよろしくないのは、親が嫌いだからといって、その食材を悪く言ったり、食べている人を非難したりすることです。

「よくニンジンなんて食べられるわね」

そんな言葉を聞いたら、子どもの味覚では美味しいと思っていても、もしかしたら美味しくないのかと思ってしまいます。

どんな食材でも、分けへだてなく使うことで、子どもの好き嫌いはほとんど解消されるでしょう。好き嫌いは「ある」「ない」ではなく、「作った」「できた」というものだと思います。

香味野菜や香辛料など、子どもには受け入れにくいものも、一緒に食事をしている大人が食べているのを見ていると、年齢にしたがって、食べられるようになります。苦みや辛みを、美味しさだと感じるのは、味覚の発達からして子どもには難しいので、そんなものまで幼いうちから食べさせる必要はありません。

好みにまっさらな子どもに、親が好き嫌いという概念を植えつけるのはやめましょう。どんなものでも食べられたら、とても幸せなことなのですから。

手洗いの習慣をつける

生活習慣に関することは、とにかく親がやっているかどうかにかかっています。手洗いもその例に漏れません。

いまの世の中は、細菌感染などに神経質になっているので、手を洗わない人はあまりいないと思いますが、大人は理由がわかっていて、汚れや細菌を落としたいためにせっせと手を洗います。アルコール除菌までする人も少なくありません。

でも、子どもはある程度うながさないと、手を洗わないことのリスクや深刻さを理解できませんから、教えてやることも必要でしょう。

私は、自分がとてもよく手を洗うクセがあるので、子どもの手にもずいぶん気を配ったように思います。赤ちゃんのころから、なにかをしたらおしぼりで手を拭いていましたし、抱き上げて洗面台に届くようになってからは、一緒に手を洗ってやっていました。

ものを食べる前に手を洗わないで平気だという人を見ると、衛生習慣のない家庭で育ったのだと思ってしまいます。実際に、細菌感染という問題もありますが、**単に汚れた手で食べ物を触るのは気持ちが悪いという感覚を身につけたほうがいいでしょう。**手洗いは衛生習慣の中でも、とても基本的なことです。

そのために、手を拭くもの（タオルやハンカチーフ）を身近に置くことも忘れずに教えておきたいです。せっかく手を洗っても、洋服で拭いてしまったり、手を振って水滴を飛ばしているようでは、手を洗った意味が半減してしまいます。

家庭の洗面所などには、タオルが置かれていると思いますが、外出先でも洗った手をきちんと拭けるように、小型のタオルやハンカチーフは必ず携帯しましょう。

自分で手を洗ったり、拭いたりできるようになったら、親がバッグから取りだして拭いてやるのではなく、ポケットに自分の拭くものを持たせてやりましょう。**手洗いの習慣は、洗うだけでなく拭くまででワンセットです。拭いたものをたたんでしまうことも、同時に教えてやりましょう。**丸めて突っ込んだのでは、せっかくのいい習慣も台なしです。

おもちゃを片づける習慣をつける

子どもに片づけの習慣をつけたいのであれば、親の仕事にしないことが重要です。「おもちゃを片づけなさい！」と叫んだのはいいけれど、気がついたら片づけているのは親だけ。いつか親がやってくれると思ったら、習慣が身につかないどころか、片づけるということ自体を知らないで育ってしまいます。

片づけの習慣が身についていないうちは、親が片づけることになるのは仕方がないのですが、必ず、子どもの目の前でやって欲しいです。子どもが、幼稚園や小学校で困らないようにするであれば、目の前で片づけることを実行してください。**初めは、親が片づけながら、片づけていることを口に出して聞かせます。**

「遊び終わったおもちゃは、片づけましょうね」そんな言葉を聞いているうちに、「片づける」ということを知り、やがては興味を持ってきます。

あまり興味を示さないようでしたら、お手伝いの形を取りましょう。「このおもちゃを箱にしまってきて」ぎこちなくても、しまうことができたら、とにかく褒めます。片づけることはいいことなのだと認識してきます。

次に、一緒に片づけます。そのときは「お片づけしましょう」と声を掛けます。共同作業をしながら、分類の仕方や、効率のいい片づけ方などを学んでいくのです。

そして少しずつ、おもちゃの片づけは本人の仕事という形にしていきます。食事になるからとか、出掛けるからということを告げ、片づけるように指示をします。

子どもが片づけられるようになったら、片づけ終わるのをじっくりと待つことをお勧めします。途中で「早くしなさい」と言うのはやめましょう。片づけ方が不十分だったら、「○○が、まだ出ているわよ」と教えてやればいいのです。けっして怒った口調にならないようにしましょう。ふたが閉まっていないとか、はみ出しているものがあったときも同じです。「あなたって、だらしがないんだから！」そんな台詞は、子どもを傷つけ、やる気をなくさせます。

もうひとつのポイントは、子どもが片づけられる数（量）だけのおもちゃで遊ぶということです。管理できないほどのものがあると、片づけに苦手意識が生まれます。気持ちよく片づけられれば、片づけが楽しく習慣になるのです。

ゴミ出し、分別、資源の節約の仕方を身につける

ゴミ出し、ゴミの分別、資源の節約と言うと、大人のすべきことであって、子どもには関係ないように位置づけていませんか？　でも、とくにゴミは、子どもにも直接関係のあるものですから、家庭の中で、親だけの仕事のようにしない方がいいと思います。

ゴミをまとめて集積所に出すなどということは、子どもが一緒にやっても、全然じゃまになるようなことではありませんし、袋の口を結ぶような手先を使った作業もあります。運び出すときは、歩ける子どもなら、小さなものを持たせて一緒に出しに行けばいいのです。

家事は、家族のだれの仕事というものではありません。性別や年齢で、やるべき人が決まっているものではありません。もちろん、家の中で担当者を決めておこなうような年齢になれば、誰かの仕事、自分の仕事という区別ができてくるでしょうが、責

任を持って担当できる年齢までは、親と一緒にやりやすい家事には積極的に参加させるべきです。

ゴミの分別は、地方・地域によってさまざまだと思いますが、大雑把なことは、親が分けながら話してやれば、少しずつ覚えていくでしょう。子どもは好奇心が強いので、そのうち、

「どうしてこれは、こっちに捨てるの？」

などと質問も出てくるでしょう。子どもの成長や理解力に合わせた説明をしてやって、社会参加をさせてやりましょう。

資源の節約については、無駄をしてはいけないという観点から教えていきます。歯を磨いている間に水を出しっぱなしにしているとか、人がいない部屋に電灯がついているなど、身近にいろいろな無駄は起こり得ます。

折に触れて、それらのことはよくないことだと教えてやって、無駄づかいをしないという感覚を身につけてやりましょう。そういう基盤ができていれば、将来、地球環境を考えるようになったときに、すんなりと理解できるでしょう。

そうじの習慣をつける

そうじは、衛生面で大切なだけでなく、家庭の中でお互いが気持ちよく暮らすためという気持ちの面でも大切なものです。

「ホコリでは死なない」などと屁理屈《へりくつ》を唱えるむきもありますが、いくら死ななくても、清々《すがすが》しい環境で暮らしているのと、むさ苦しい環境で暮らしているのでは、子どもに与える影響はかなり違ってくると思います。

本格的なそうじや、大そうじは大人が主導でやるしかないと思いますが、日常の身の回りの清潔を保つためのそうじなら、子どもと一緒にやったほうがいいと思います。目に見えるゴミを拾うことから始めてもいいでしょう。

また、モップや雑巾を手元に置いて、ちょっとした汚れも拭き取るようにすると、いつもすっきりした環境にいられるようになります。そうしていれば、**汚れていることが気持ち悪くなりますから、そうじが習慣になり、成長に応じて、いろいろな道具**

や方法できれいにするようになるでしょう。

トイレの使い方は、とくに気をつけたいことのひとつです。トイレはとても汚れやすく、しかし、きれいな状態を保たなくてはならないところです。流行歌や絵本などを応用して、きれいにすることを教えるのもアイディアだと思います。

でも**まずは、なるべく汚さないことと、汚したら自分できれいにすることを教えます。**汚れたトイレは、次に使う人がとても気持ちの悪いものです。それに、人が残した汚れをきれいにするのも、あまり気持ちのいいものではありません。

いつでも気持ちよくトイレが使えるように、子どもでも気を遣うことが求められます。トイレットペーパーを使って、汚れを拭き取ることぐらいは、子どもでも簡単にできますので、親と一緒にトイレに入っているころから、説明をしながらやって見せるといいでしょう。

同じようなことでは、洗面所もきれいに使うべきところです。抜けた髪の毛を落としたままだとか、石鹸の泡が残っているとか、次に使う人が不快になるような状態で、その場を去らないように習慣づけてやりましょう。**清潔と思いやりを学ぶいい機会になる**と思います。

時間を守る習慣をつける

子どもには、あらかじめ時間の観念があるわけではありません。一日が二十四時間しかなく、そのうち寝ている時間が一番長いなどということを考えた上で行動することなどできません。

それでも、子どもも同じ二十四時間の中で生活し、さまざまな活動をしているのです。ですから、時間を守ることや、行動を時間内に納めること、そのために区切りやけじめ、切り替えが必要であることを知っていかなくてはなりません。

子どもが時間の感覚を身につけて、時間を守るようにするのには、親がギリギリの計画で生活をしていては難しいと思います。いつでも、走り回るような生活で、

「早くしなさい！」

が口グセになっているような状況の中では、早くすることばかりが課題になってしまって、時間を気にするにいたらないのです。

幼児期には、時計が読めませんから（少しずつ教えるのがいいと思いますが）、スケジュール表を作って行動するわけにはいきません。時間を管理するのは親です。それでも、何時までになにをするから、そのためには何時になにをしなくてはならない、というような計画を話して聞かせるのは基本です。

外出などのスケジュールが、はっきりしていないときでも、最低でも食事時間はやってきます。**ダラダラと行き当たりばったりで過ごさずに、食事時間も決めて、その前におもちゃを片づけたり、手を洗ったりする時間が取れるように、親が導いてやりましょう。**

区切りがきちんとついていないと、すべきことが押せ押せになってしまい、結局は寝る時間が遅くなったりしてしまいます。子どもはいつまでも遊んでいたいですし、食事もそこそこに、また遊び始めたいものです。

でも、要望を通してばかりでは、まともな生活ができないことは明白です。親はキッパリと、おもちゃを片づける時間などを告げましょう。そして、寝る前に、一日がうまく過ごせたことを一緒に喜びましょう。子どもが、時間を守り、区切りをつけたことがよかったと思えるようにしてやるのです。

学習院初等科は、こんな学校

学習院では、学校全体の教育目標として「ひろい視野」「ゆたかな感受性」「たくましい創造力」というものを掲げています。初等科の教育でも、この目標を受けていろいろな工夫がされているように思います。

たとえば、入試における観点も、その一端でしょう。子どもが物事に取り組む姿勢を大切にしたり、巧みに早くできることを重視せず、実直で考えが深いことを求めています。

私が初等科に入ったのは、もう四〇年以上も前のことです。それでも、その頃から、子どもたちの時代を通して、そして現在まで、一貫した教育方針が見られるように思います。たぶん、これはもっと大昔からあったもので、今後も脈々と続けられていくのだと思います。

学校が提示しているそれとは別に、在校生、卒業生、父母として感じてきていることをお話ししましょう。一番に挙げられるのは、詰め込み的ではなかったことです。

国語の授業では、文法や作文についての学校独自の副読本があったり、総合学習などの考える授業が増えた現代では普通とも感じられるかもしれませんが、実験が多い授業、予想をたてて議論をするような教科書を使わない授業が私の時代からありました。

そのほか、週記（日記は毎日ですが、一週間に一回提出するものが週記です）、独自の漢字練習帳（赤丸ノート）、校外学習（沼津游泳場など固有の施設もあります）、四年生からの英語教育などなど……それらは、とても体験的で、自由な発想を広げることができ、暗記を無理強いされたり、点数を伸ばすことを目標にするようなことがありませんでした。

ただ、元児童（卒業生）としては、それが当たり前のことだったので、そのときにリアルタイムにありがたみを感じていたかというとそういうわけではありません。そのぐらい、ごく自然に考える力をつけていただける教育を受けていたということになるでしょう。

適切な指導を受け、必要な知識を身につけていただき、人間として基本的な態勢は盤石に整えていただいた上で、経験値を下げることなく、個性に合わせた成長ができたと思っています。

正直なところ、自由でのびのびといった学校ではありません。しかし、締めつけの厳しい学校というわけでもありません。しつけ面は、少々堅いほうかもしれませんが、常識をわきまえて、自分を見つめて生きていかれる基礎を築いていただけたと確信しています。

家庭の学び編

第 1 章

好奇心を育てる

学びは好奇心から

子どもの好奇心は、ときとして親が眉をひそめたくなる場合もあります。花壇の虫に興味を持ったり、水たまりに入ろうとしたり。

でも、くれぐれも親の都合だけで子どもの好奇心の芽を摘むことだけは避けたいものです。本当に危険なことからは、守らなくてはなりませんし、危険因子を排除することも必要ですが、日常生活の中では、子どもの好奇心にまかせて、そこからさまざまなことを学ぶようにしてやるのが一番です。

なにしろ子どもは、親がぜひとも学ばせたいということを、必死に教えようと思っても、興味がなければ、好奇心をくすぐられることもなく、身につけたり、知識の積み重ねになったりしないものなのです。

子どもの学びとは、生きる技術の習得だと思っていいと思います。ですから、大人が当たり前過ぎて面白くもなんともないことでも、これから習得することだらけの子どもにとっては、面白いことだったりするのです。

前述の花壇の虫などはいい例です。親の中には、虫が苦手で（私も得意ではありませんが）、子どもが虫を触りたがるとキャーキャー言って、嫌がる人もいるでしょう。でも、そこはガマンです。

無理に一緒になって触ることはありませんが、

「アリさん、どこへ行くのかしらね」

などと話しかけ、アリの生活を知ろうとするように仕向ければ、子どもは喜んで、話に乗ってくるでしょう。そこで、一緒に図鑑を見たり、インターネットで調べたことを読んでやったりすれば、子どもに知識がひとつ増えます。

そして、**知りたいことは調べればいいということを学びます。新しいことを知れば、楽しいということも体感します。**

さらに、親はあまり虫が得意でないことも話せば、虫を嫌がる人もいて、嫌がる人には虫を近づけたりしてはいけないという思いやりも知るでしょう。

また、そんなに大げさなことでなくても、子どもが喜んだり、悲しんだり、感動したりしたときに、そのことを取り上げてやることだけでも、子どもの物事に対する心構えが変わってきます。

子どもは受けた刺激を親に話したがります。その話をしっかりと聞いてやることが、子どもを育てるのです。つまらなそうな反応をしたり、いかにも大したことないというあつかいをしたりしては、子どもの芽を摘んでしまいます。

中には、あまり話さない子どももいます。それでも、なにかを感じているのは間違いないのですから、その場合は、**親が積極的に話しかけ、子どもの気持ちや感じたことを引き出してやりましょう。**

表現が下手なだけの子どもには、そういった働きかけを繰り返しているうちに、話すことの楽しさ、相手に気持ちが伝わることの喜びなど、人間らしい活動が身についてきます。

好奇心は、子どもによって強弱があるかもしれませんが、まったくないということはありませんので、少しでも関心がありそうなことを取り上げてやり、好奇心を持ったことを否定しないように気をつけて接しましょう。

「なぜ」をたくさん使う

世の中には、知らないことや疑問を感じることがたくさんあります。大人でも、たくさんあるぐらいですから、子どもにとってはほとんどすべてのことが疑問であるはずです。

それでも、なんとなく「こういうものだ」と過ごしてしまうと、それ以上の知識や情報にはつながりません。**子どもがなんとも思っていないことでも、親が働きかけることで、知識欲や向学心が育っていきます。**

長男が四歳ぐらいのころ、グラスに注いであったジュースに、あとから氷を入れました。大人ならわかりますよね。量が増えたように見えるのです。でも、そのとき長男は、氷を入れればそうなるとしか思わなかったようなのです。

「氷を入れたらジュースが増えたでしょう？　不思議じゃない？」

そう話しかけてみました。長男は、ハッとしたような顔になりました。そう言えば、どうしてジュースが増えるんだろうと、改めて思ったようです。

そこで、氷が入った分だけ、ジュースの居場所がなくなって、上に上がったのだと話しました。すると、

「じゃあ、ジュースは増えてないのね」

と言いました。私は、驚きました。子どもにそんなことが理解できると思っていませんでした。**親の働きかけが、子どもの思考を働かせ、新しい発見をさせることになった**のです。

そのような会話を日常的におこなううちに、子どもはちょくちょく「どうして？」「なに？」と言うようになりました。

前項で、好奇心のお話をしましたが、子どものほうから質問が出てくるようになると、的確にその子どもの興味の方向性を知ることができるので、好奇心を削ぐことが少なくなります。

そのうちに子どもは、**理由のわからないことは気持ちが悪いという感覚を持つようになります**。中には、とても子どもには説明しきれないようなこともありますが、できる限りの説明はしてやりましょう。

子どもが、いちいち疑問を投げかけるようになると、親はわずらわしいかもしれません。でも、子育てというのは、そう容易なものではありません。なにしろ、一人の人間ができ上がってしまうという、重要な仕事です。

社会の中に、一人の人間を輩出するということは、それなりに大きな責任があるのです。目先のわずらわしさや面倒臭さなどで、それを回避してはならないと私は思っています。

また、子ども自身にとっても、より多くのことを知って、より多くのことができたほうが、充実した人生を歩めるでしょう。すなわち、子どもの将来の幸せのためにも、親はひと役買わなくてはならないのです。

疑問を持ち、それを解決する習慣がついていないと、学校で勉強をするようになったときに、押しつけられているような感覚に襲われてしまいます。**授業で教えられることに興味を持ち、なぜだろう、もっと知りたい、自分で解決したいという気持ちがあれば、授業も楽しいでしょうし、課題を出されてもそれを解くことが面白いと感じられるでしょう。**勉強が始まったときに、急に「勉強しなさい」とだけ言っても、なかなか積極的に取り組むことはできませんよね。

子どもがやりたいことは思い切りやらせる

本当に危ないこと、社会的にいけないこと、人に迷惑をかけることは別ですが、子どもには、やりたいことを思い切りやらせたいものです。あれはダメ、これはダメ、ああしなさい、こうしなさいとがんじがらめにしていては、子どもは成長できません。**親としては、転ばぬ先の杖をつきたくなるのもわかりますが、転ばせてやるのも親のつとめだと思います。**

納得いくまでやり通すことで、子どもなりに得るものが必ずありますし、個性（こだわりのようなもの）が伸びることにもなるでしょう。子どもがせっかく買い与えたおもちゃで遊ばないと、無理にでも遊ばせたくなりますが、子どもに興味がなければ、本人も楽しくないわけですし、そのおもちゃから得るものは少ないのです。

子どもが自分で選んで、進んでやっていることの場合、とても熱中すると思います。**熱中しているときに、やたらと話しかけるのはＮＧ**です。親も興味を感じ、話しかける、あるいは質問をするのであれば、一緒に子どもの世界に入り込んでやりましょう。無邪気な気持ちを持って、一緒に楽しめると、子どもはとても嬉しく感じ、自分のやりたいこと、それをやったことを肯定的にとらえます。

親が参加しなくても、子どもがやりたいことを納得するまでやった場合、子どもはひとつの達成感を感じます。そして、とても満足します。そういった体験は、子どもが先々、意欲的になり、物事に積極的になる源になるのです。

自分が好きなことに取り組んでいるだけでも、一所懸命に取り組んでいることを褒めてやりましょう。まず親は、好きなこと（＝やりたいこと）ができたことを喜ぶべきです。子どもが意思を持ち、それを表したのですから、驚くべき成長なのです。

子どもは、好きなことをやって褒められると、大きな自信を持ちます。好きなことだけやって褒められて、そこに自信を持っても仕方がないと思いますか？　とんでもありません。

その自信は、子どもの興味の幅を広げてくれるのです。**興味の幅が広がれば、やがては苦手なことにも取り組むことになる**のです。やりたいことばかりやらせてもいいのかと、不安になることは無用です。

やる気のタネまきはさりげなく

子どもはもともと好奇心旺盛で、やる気満々です。それが、減退してしまうことがあるとすれば、親が減退させているといっても間違いないでしょう。

いくら子どもが好奇心旺盛で、スポンジのようになんでも吸収するからといって、子どもの目が回るほど多くのものを与えてはいけません。また、子どもの成長にとって、経験はとても重要な要素ですが、無理強いすることがあっては、子どもは逃げ出したくなってしまいます。その子どもによって、入り口やアクセス方法が違ってきますので、お仕着せのやり方を与えては、かえってやる気をなくしてしまいます。

好奇心が少ないと感じる場合には、子どもが興味を持ちそうなものや、知っているとよさそうなものを、子どもの目につくところに用意する程度でいいのです。大人にとっては当たり前のことでも、子どもにとっては、目新しくて、好奇心をそそられることがたくさんあります。

就学前の幼い子どもにとっては、学習と遊びの垣根はありません。遊びながら、いろいろなことを学んでいきます。ですから、**子どもが好きなやり方で、好きなように接することで、どんなものでも、栄養になる**のです。この子には、こういうものが合うだろうと、親が先回り、あるいは早合点をして用意したものが、必ずしもその子どもに合っているとは限りません。あるいは、親の勝手な願望で、こんな子になって欲しいからこれをやらせるというような押しつけをするのも、その子どものいい成長につながるとは思えません。

それでも、ある程度の理想を持つことや、しつけをすることは必要です。子どもの成長を視野に入れて、そのベクトルを手元に伸ばした線上にあるものを与えて、あとは子どもの個性にまかせるといいでしょう。

繰り返しになりますが、**注意しなくてはならないのは、子どもが興味を示していないことを、強制的にやらせようとすること**です。もしかしたら、最初は受け入れるかもしれませんが、ガマンと成長を同居させると、ゆがんだ伸び方をしてしまうかもしれません。親は、さり気なくタネをまくだけ。芽を出して、育っていくのは子ども自身です。

好奇心を育てるために手元に置いておきたいもの

親は、子どもが興味を持ったとき、興味を持ったものを見逃さないようにしなくてはなりません。そして、その興味を子どものレベルに合わせて掘り下げることで、子どもの向学心を育ててやるのです。

さらに、それを将来の役に立つようにするために、調べものの習慣を身につけるといいと思います。**わからないことをわからないままにしておかない、より深く知りたいと思う気持ちを大切にする。**

そういった観点から、私はすぐに手の届くところに、図鑑や事典を置くことをお勧めしています。子どもの「なぜ?」にも答えられますし、知りたいことを曖昧にすることがなくなります。

いまどきですから、パソコンを身近に置いて、インターネットで調べるのもいいと思いますが、あまりにも気楽に「インターネットで調べればいい」という感覚になるのも危険だと思いますので、まずは、図鑑と事典がいいのではないでしょうか。

たとえば、外で見た草花が図鑑に出ているのを見ると、子どもはとても喜びます。

最初は、その程度のことでいいのです。**調べものの習慣がついてくると、草花の名前を知りたがったり、文字が書けるようになると、それを書きとめたりするようになります。**


初めは、親が調べものをすることを教えなくてはわかりません。それも、

「わからないことは調べなくてはダメなのよ」

という言い方ではなく、外で草花を見たとき、

「きれいなお花ね。おうちに帰って調べてみましょう」

などと口に出して聞かせます。「きれいなお花」の意味はわかっても、「調べる」については、意味がわからないと思います。

でも、実際に家に帰ってから、図鑑で探して、同じ花を見て、親が花の名前などを言葉に出しているのを見れば、「調べる」というのはこういうことか、と理解します。

親は調べた名前を覚えておいて、なるべく早く、同じ花をもう一度見に行って、

「図鑑に出ていた○○というお花ね」

と話してやりましょう。**子どもは間違いなく、目を輝かせます。調べること、知ることの楽しさを知ることになります。**

同じように、手元に置いておくことを提案したいのは、ルーペ（虫メガネ）、地図帳、メジャーや定規、はかりなどです。知りたいことをすぐに知る習慣は、子どもの興味を刺激し、満足感を得ることが多くなるのです。

また、音楽が得意な親であれば、すぐに演奏できる楽器が身近にあるのもいいでしょう。季節に合った音楽を聞かせたり、一緒に歌ったりすることは、子どもの情緒の発達にいい影響があります。

親が自分で歌ったり、演奏したりができなければ、ＣＤを用意しておいて、季節やシーンにふさわしい曲や歌を聴かせるといいと思います。やがて、子どもも音楽に興味を持つでしょう。

子どもは、時間が経ったり、興味がそれてしまうと、改めて知ろうとしなくなります。**いま、知りたいことを、いま、知ることができるようにしてやりましょう。**そのために、まずは図鑑や事典を手元に置いてみてください。親も楽しいですよ。

家庭の学び編

第2章

考える力を育てる

言い訳を考える時間を与える

十七世紀のフランスの哲学者・パスカルは「人間は考える葦《あし》である」と言いました。葦のように弱くてはかない存在の人間でも、考えられることができることこそが、人間の人間たる所以《ゆえん》だと言えます。考える力がなければ、人間らしく人間社会で生きることが難しくなるのではないでしょうか。

そんなことはわかっていても、実際に子育ての中で、本当に子どもに考える力がつくようなことを実践しているかというと、はなはだ疑問が残るケースも見られます。

一番多いのは、子どもを「親のもの」だと思っているケースです。

親の言うことをよく聞く子どもが「いい子」であって、自分の考えを持って口答えをする子どもは「悪い子」になってしまうのです。

たしかに子どもがなんでも言うことを聞いて、親の思う通りに動いたら、親は楽かもしれません。でも、それでは、その子ども自身はどこへ行ってしまうのでしょう。

操り人形？　ロボット？　それどころか、ゲームのコマのようなものになってしまいます。

子どもが自分らしさを発揮するのは、普通に話しているときよりも、なにか口答えをするときです。親から、自分のしたことを叱られたり、やったことについて尋ねられたりすると、口をとがらせてツベコベと言い出します。

さて、そんなときに、親はどうしているでしょう。有無を言わさず、

「口答えするんじゃありません！」

「言い訳をしてはいけません！」

そんなことを言っているのではないでしょうか。

なぜ、自分の考えていたことがあるのに、口答えをしてはいけないのでしょうか？　理由があってやったことなのに、その説明（言い訳）をするのはそんなにいけないことですか？

私の主義は違います。むしろ「言い訳をしなさい」と言います。幼いうちは、なかなかうまく説明できなかったり、つじつまが合わないことを言ったりするでしょう。いいじゃないですか！　どんどん言わせましょう！

言わせなければ、子どもの考えていることを知ることもできません。言わせなければ、子どもの話す能力は上がってきません。そして、なによりも伝えようとして、頭をグルグルと巡らせることが大切なことなのです。

子どもの未熟な頭が、一所懸命考えて、成長しようとしているのを、親がじゃまをするなんて、言語道断です。

子どもがもたもたと話していると、親は矢継ぎ早に質問をぶつけたりもします。せっかく途中まで考えてきたのに、次の質問が投げかけられたために、わけがわからなくなり、途中で考えるのをやめて、次の質問に対応しようとします。

それでは、子どもが考えて、それをまとめて……という作業ができなくなってしまいます。時間を与えてください。じっくりと待ってやってください。

トンチンカンなことを言ったら、その話を元に、きちんと伝わるような話になるまで軌道修正を手伝ってやってください。語順を整えるのを手伝ってやってください。

気をつけなくてはならないのは、親が自分の考えに誘導してしまうことです。

「だから、○○なんでしょ?」

決めつけてしまっては、子どもの考える力は育ちません。

集中力をつけさせる方法

たとえば、部屋を静かにして、けっしてじゃまをしないようにしていれば、子どもはなにかに集中するのでしょうか。集中力というものは、そのような環境によって形成されるのでしょうか。

なにかひとつの物事に気持ちを集中させることを、外からの力で身につけようとすることに無理があると思います。

でも、集中力がなければ、気持ちが散漫で、ひとつのことをしっかりと成し遂げるようにはなれません。ちょっとした環境の変化で、すべきことから気が散ってしまって、普通にできることもできなくなってしまいます。

集中力をつけるために、最初に子どもにさせたいことは、とにかく子ども自身が夢中になって食いつくようなものに出合うことです。おもちゃでいいのです。遊びでいいのです。知育玩具である必要などありません。

声を掛けても聞こえないぐらい夢中になることがあって、気が済むまで向き合っていると、そこには充実感や達成感が生まれます。それがいつまでも続くことを心配するかもしれませんが、トイレに行きたくなったり、お腹が空いたり、話をしたくなったり、なによりも必ず、飽きたり疲れたりしますから、あまり考慮に入れる必要はないと思います。

時間に制約があるときは、あらかじめそのことをきちんと言い聞かせておきましょう。また、いつもいつも、分単位で時間を区切っていると、集中力がつく前にせかせかした生活に慣れてしまいます。

子どもが集中することの意義や楽しさを体感することができれば、あとは厳しいことを言う必要はないでしょう。自然に集中力は身につきます。

子どもの集中力を削ぐものとしては、集中できる対象の候補をたくさん与え過ぎることがあります。周り中に楽しいおもちゃがいっぱいに積まれていては、次々と気が散るのは当然です。あれも、これもとなるのは当たり前です。

子どもの興味を普段から見極めて、ピカイチのおもちゃを持てるようにしてやりましょう。

私の長男は、自動車が好きでした。そして、ミニカーをたくさん持っていましたが、クリスマスプレゼントに走らせるための道路を買ってやっても、本人は、ただ車を一列に並べることが好きでした。「渋滞ごっこ」と言って、部屋の端から端まで並べていました。それが、長男の集中の始まりでした。二歳頃のことです。

次男はおままごとが好きでした。それも二歳ぐらいでしたが、デパートのおもちゃ売り場でキッチンのおもちゃに飛びついたことがきっかけで、おままごとセットを買い与えました。だれも相手をしなくても、まな板で食材を切るまねをしたり、お鍋に入れてかき回したり、どっぷりと集中して遊んでいました。

長女は、着せ替え人形が好きでした。初めは、私の母が買い与えた大きめの抱き人形の世話をしていましたが、やがて着せ替えることができるようになると、自分の洋服もろくに着替えられないのに、せっせと着せ替えをさせていました。三歳になる前には、明らかに夢中になっているという感じでした。

そのような、**一見なんでもない経験が、子どもに集中力をつける**のです。夢中になっているときには、テレビがついていようと、周りで人が話していようとおかまいなしになりますよね。

親がなにをしているのかを見せ、説明する

日常生活の中で、親はすることが多いので、子どもとかかわりながらおこなうのは、面倒に感じると思います。実際、子どもにかかわっていると、時間もかかりますし、さっさとやってしまいたいと思うでしょう。

子どもとかかわるときは、一緒に遊んでやることだけで充分だと思いがちですが、それには限界があります。子どもの可能性が無限大だということを考えると、家事などにもたくさんの子どもの成長エキスが詰まっています。

また、大人が当たり前にしていることでも、子どもがまねをしたり、手伝ったりするには、それなりに技術を身につけなくてはならないことばかりです。**わざわざその習得のために練習を積まなくても、親と一緒にやっていることで身につくことがたくさんあります。**

それにはまず、親のしていることをわかるようにしなくてはなりません。これもま

た、大人が当たり前にしていることでも、なぜそのことをしているのか、なんのためにしているのかを知ることが必要になってきます。

第1章の「『なぜ』をたくさん使う」に記したように、子どもが「どうして」という質問をよくするようであれば、それに答えていくだけでもずいぶん多くのことを知ることができますが、子どもがまだ、あまり質問に慣れていないうちは、親の方から、

「いま、なにしていると思う？」

「どうしてこうするのでしょう？」

と**クイズのように楽しい問いかけをして、知りたい気持ちを刺激します。**

現代らしいことでは、エコ対策や資源の節約などは子どもが身につけたほうがいいことで、親がやりながら説明できるわかりやすい例だと思います。

「どうしてショッピングバッグを持って、お買い物に行くと思う？」

「牛乳パックは、なんできれいに洗うのでしょう？」

何気ない行動から、その理由や意味を知って、いい学びになるでしょう。そして、物事には理由や意味があると気づき、他のことについても気に留めて、考えるようになっていくと期待できます。

子どもの話にとことんつき合う

考える力を養うために親ができることは、子どもの話にとことんつき合うことです。いい加減な相手の仕方では、子どもにばれてしまいます。子どもは驚くほど、親のことをよく見ています。

子どもとの会話は、大人にとって楽なものではありません。物理的にも、子どもの目の高さになって、じっくりと話を聞いてやってください。

親が話し相手をしてくれることは、子どもにとってとても嬉しいことです。**相手をしてくれていること自体も嬉しいことですが、人格を認められている感じがする**のです。一人前に会話をしていると思うと、自分の話したいことを一所懸命組み立てて、伝わるように話そうとします。

ぼんやりとした輪郭でものを考えているときと違って、目標があると、かなり真剣に考えるようになります。大人の都合で、途中で投げ出すことなく相手をしてやってください。

また、子どもの話に合わせて、親からも話をしてやります。親から聞いた話を、理解したり自分の中に取り込んだりする作業もまた、必死に考えなくてはならないことです。

でも、お仕着せのドリルなどと違って、いつも新鮮な内容に出合いますので、刺激を受けながら、自然に考えることは苦痛ではありません。

「親切過ぎる親」は子どもにとってかえって「不親切」

もうひとつ大切なことは、子どもの考える余地を奪わないことです。ついつい、用意万端整えて、子どもがなにも考えないで過ごせる状況を作ってしまいがちです。私は、このことを「親切過ぎる親」と言っていますが（「ポイント5」参照）、「親切」も過ぎると、子どもの成長を阻害する「不親切」になりますので注意してください。

子どもが、なにかひとつ考えなくてはできないことを与えたり、ちょっとした間違え探しのようなことをしてみるのです。

日常生活の中でも、先回りして「親切にする」ことなく、子どもがしたいことを頭の中で整理させ、自分で解決しておこなったり、親に頼んだり、働きかけたりするようにすればいいのです。

改めて「よく考えてごらんなさい」などと言うよりも、ずっといい効果が上がると思います。

家庭の学び編

第 3 章

巧緻性を養う

折り込み広告、裏紙を使う

子どもの巧緻性を養うことの目的は、手先で細かい作業ができるようになるためです。それは、生きるための技術です。日ごろから、手先の作業を遊びに取り入れることで、子どもは器用になっていきます。

そのためには、でき上がった巧緻性を養うおもちゃなどよりも、身近なものを使ったほうがよりよいと思います。あらかじめ目的が決まったものを、その通りに使うだけでなく、廃材を使ったり、二次使用をすることの楽しさを知らせたいです。

なんでも買えばいいという発想は避けたいものですし、ひとつのものから新しいものを生み出すという応用力の元になるのです。

手近なものでは、新聞の折り込み広告やダイレクトメールを使った手作り絵本（「特別編　家庭でできる準備」二一七ページを参照）がお勧めです。子どもは、思いもよらないものにも興味を示します。そんなときに、

「そんなものいつまでも持っていないで捨てなさい」

と一蹴することなく、楽しい遊びにつなげてやるといいでしょう。

折り込み広告には、食品や自動車など、日常生活で目にするものがたくさんあります。スーパーマーケットの広告で、好きな果物を喜んで見ていたら、それを切り抜いてノートに貼って図鑑を作ります。あるいは、人物やキャラクター、家の写真などを切り抜いて、まちを作って、親子でお話を作ります。

初めは、親が子どもの希望にしたがって切り抜いたり、貼ったりして見せますが、子どもはすぐにやりたがりますので、そうしたら、ハサミものりも使わせましょう。**きれいに切ることができたり、上手に貼ることができれば、より楽しいオリジナルの本ができますので、子どもは一所懸命ていねいに取り組むでしょう。**無理に切り抜きの課題などをやらせるよりも、ずっとよく身につきます。

お絵描きも殴り書きだったり、下手だったりしても、どんどん描かせたほうがいいと思います。

そのために、スケッチブックや自由帳などを用意してもいいのですが、いらなくなった書類の裏紙や、裏が白い広告を子どもと一緒に綴《と》じて、ノートにしてやると、

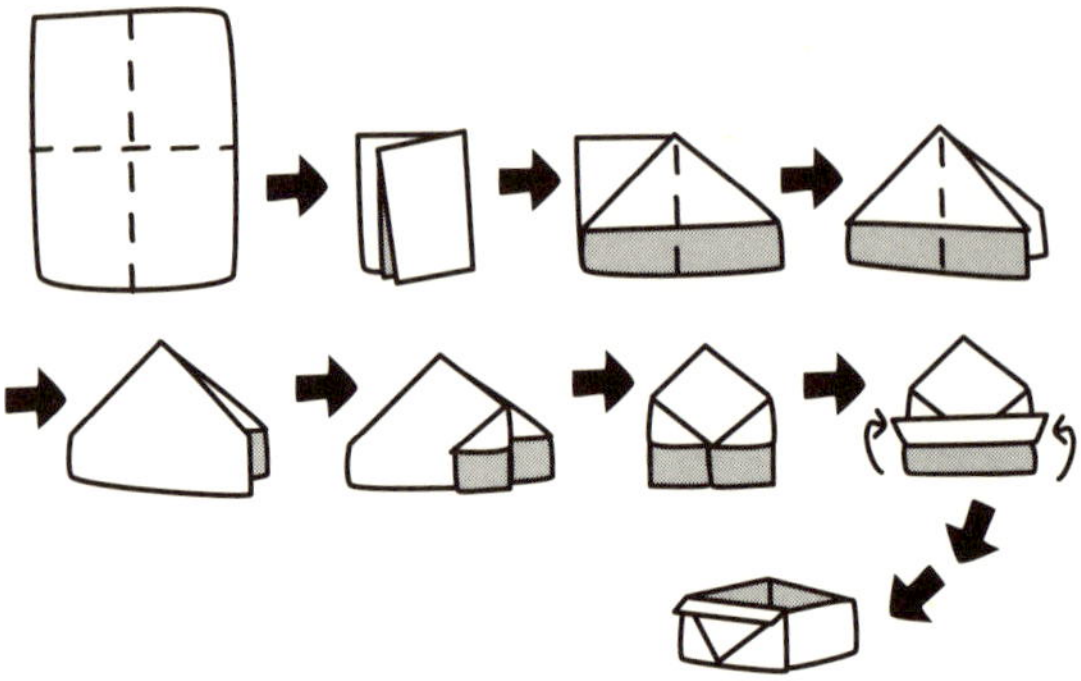

卓上ゴミ箱の作り方の例

自分で作った愛着もあるので、子どもはとても大切に使います。

そのような工作をするときには、作業をしているテーブルやデスクの上に、臨時のゴミ箱を作ってやりましょう。広告などを箱形に折って（図参照）、紙の切れ端はすぐにそこに入れるようにしておけば、ゴミを散らかさない習慣にもなります。

卓上ゴミ箱は、簡単に作れますので、子どももすぐに折れるようになります。

のりの使い方に慣れる

のりは、幼児期の工作から始まって、生涯使うもののひとつです。ハサミのように、危険がともなう道具ではないのですが、使い方・あつかい方は意外と難しいと言えます。のりを使う量、塗り方、乾かし方など、留意しなくてはならないことも多いのです。もちろん、だからと言って、手先が充分に器用に成長するまで使わせないというようなものではありません。**それどころか、どんどん使わせて、早めに使いこなせるようにしたほうがいいもの**です。（ただし、言葉がうまく通じない年齢では、口に入れてしまうことがありますので、気をつけてやりましょう）

私は、初めて出合うのりはポットに入っていて、手でつけるものがいいと思っています。スティックタイプなどで、便利なものに慣れてしまうと、言ってみれば使いにくいポットに入ったのりがうまく使えなくなってしまいます。

しかも、幼稚園や学校では、多くの場合、ポットに入ったのりを使いますので、べたついて面倒臭いからと言って、避けて通らないほうがいいと思います。

中には、のりのベタベタした感触になじめず、のりを使うのを嫌がる子どももいると聞きます。それでは困る場面も出てくるでしょうし、気持ち悪くて触れないものなど、少ないほうが生きていきやすいのですから、慣れさせてやって欲しいです。

なにも教えずにのりを使わせようと思うと、たいがいの子どもはどっぷりとポットの中に指を突っ込み、大きな紙全体に塗れるほどののりを出してしまうでしょう。

ここでもまた、親の手本の出番です。指先に少しだけのりをつけて、薄くつけることを見せてやります。

のりをのばすときには、テーブルやデスクにつけないように、下に新聞紙などの紙を敷くことも教えておきましょう。大人になれば、紙を片手で持って台から離した状態でものりがつけられるでしょうけれど、子どもにはとても無理です。しかも、必要以上ののりがついた指で、紙にのりをのばすのですから、敷物はどうしても必要です。

しかし、こんこんと少なめに取ることを教える必要はないと思います。上手に親のまねができて、少なく取れる子どもはそれで、そのことは学習完了ですし、その部分を見落として、たっぷりののりを取ってしまった子どもは、自分で、それが多過ぎたこと、多過ぎるとなかなか乾かないという原因と結果を知っていくのです。**体得したことは、確実に子どものものになりますから、よけいな口出しはくれぐれもしないようにしてください。**

手でつけるタイプののりが使えるようになったら、他のタイプののりも使えるようにしてやりましょう。次に使いたいのは、液体のりです。

液体のりは、出し過ぎに注意が必要です。チューブを押し過ぎると、のりがドバッと出てしまい、容器に戻すことができない分、ポットに入っているのりよりも厄介です。チューブの押し方の加減を身につけると、いろいろな場面で応用できるので、いい学びになる一品です。

スティックタイプののりは、比較的使い方も簡単で、手が汚れないので便利です。繰り出し方を教えてやれば、ほかののりがあつかえる子どもにとっては、容易に使いこなせるはずです。

最初に便利なものや、容易に使えるものを与えてしまうと、手のかかるものを敬遠してしまいますので、使い始める順番には注意が必要です。

紙を丸めたり、やぶいたりする

子どもはもともと、紙を丸めたり、やぶいたりするのが大好きです。でも、ものを大切にすることや、ていねいにあつかうことを教えたいと思っていると、なかなかそんなことをさせる機会はなくなると思います。

ただ単に雑な行動をとるのは、もちろん感心できませんが、ときには楽しく思い切り丸めたりやぶいたりさせてもいいと思います。そういうときには、親も一緒に楽しく弾けてしまってください。

わかりやすい遊びとしては、丸めた新聞紙でボールを作って、棒状に丸めた広告や新聞でバットを作り、野球ごっこなどはいかがでしょう。細かくちぎってしまっても、ボール状にするときに、中に入れて丸めればOK。回りはセロハンテープで止めたり、短冊状に切った新聞にのりをつけて固めてもいいでしょう。

細かくちぎった紙を、あとでおままごとのご飯に使うのもいいと思います。食品見本のように、本物そっくりな食材のおもちゃで遊び慣れている子どもにとっても、意外と新鮮で受け入れやすいようです。

いつでも恵まれた完成度の高いおもちゃがあるとは限りませんので、どんな場面でも、どんなものでも遊べるということは、子どもの底力を上げることになります。

めちゃくちゃにやぶいた紙を、あとで眺めて、なにに見えるかという遊びも盛り上がります。偶然できた形が、ゾウに見えたり、貼り合わせるとウサギにできたり。折り紙で作った切り紙も楽しいですが、文字や柄がある紙で作ったものを、なにかに見立てるというのは、想像力を育てます。

なにかがなくてはダメ、なにかでなくては遊べないということでは、あまりにも生活力や応用力がなさ過ぎます。親が身近なものから、育ててやりたい力です。

また、ちぎった新聞紙に水を含ませて、フローリングの床や玄関の土間のそうじもできます。遊びと家事を合わせた作業は、巧緻性とは関係ありませんが、生活の知恵を学ぶことができます。

子どもにとって、遊びや日常生活のすべてが、将来の力になることを、親は忘れずに接してやることが肝心です。無駄なことはひとつもありませんよ。

色塗り

子どもはだれでも、色塗りが好きかというと、なかなかそうばかりとは言えないでしょう。絵を描くことそのものが好きではない子どももいますし、ていねいに塗ることができない子どももいます。

でも、色塗りは、幼稚園でも小学校でも必ずやらなくてはなりませんし、塗り方や塗る態度で性格が見えるようなことです。色塗りが、なにかの課題になって、苦痛になってしまう前に、楽しくきれいな色塗りを覚えさせたいところです。

幼い子どもには、クレヨンかパステルクレヨン（クレパス）が適当だと思います。**簡単な形を塗らせ、それを元に可愛い絵に仕上げて見せると、きれいに塗ったほうがよりよいものになることがわかる**と思います。

端からきちんと塗っていくことや、塗り残しや塗りむらがないほうが、きれいなのだということも、まずは親がやって見せ、それから回数を重ねるうちに、ガミガミと教えることなくわかってきます。

回数を重ねれば、あまり得意ではない子どもでも必ず上達するものです。上達してきて、褒められれば、子どもはだんだんその作業が好きになります。

クレヨン、クレパスを使うときから、気をつけてやりたいのは持ち方です。えんぴつほど厳密ではありませんが、握って持ったり、明らかに形の悪い持ち方をしている場合には、注意してやりましょう。

色えんぴつや芯のみの色えんぴつ（クーピーペンシルなど）を使うようになったら、持ち方をしっかりと教えないと、ずっと変なペンの持ち方をすることになります。いくらきれいに塗れても、あるいは字を書けるようになっても、正しくない持ち方をしていると、美しくありません。

画材はなにを使うにしても、色塗りには根気が必要です。急かしたりせずに、仕上がりを待ちましょう。

また、色塗りの作業は、片づけの実践としてもあなどれません。気がついたら、作品の周りに使ったクレヨンがいっぱいに散らかっているようでは、きれいな色塗りはできませんし、だらしがない印象です。

点線なぞり

子どもが上手に描けないような複雑な線や、簡単なイラストなども点線で描いてなぞらせると、楽しく描けるようになります。

でも、点線なぞりの本当の目的は、上手に絵を描かせることではありません。**第一には、点線をじっくり見て、ていねいにその上に添って筆記具を動かせるようになるための、言ってみればトレーニング**です。よく見ること、早合点して勝手な線を描かないようにすることは、ときには楽ではないことがあります。

私は、点線を描いて問題を作り、その点線を子どもになぞらせてクイズのようにしていました。子どもにそういう作業をさせるときには、必ず、子どもにも点線を描かせて「出題者」にもなってもらい、親も子どもの作った問題を解く「回答者」になり、一方的にならないよう親子で取り組むようにしていました。

そのときに、楽しそうに取り組み、でき上がったら嬉しそうな顔をして見せること

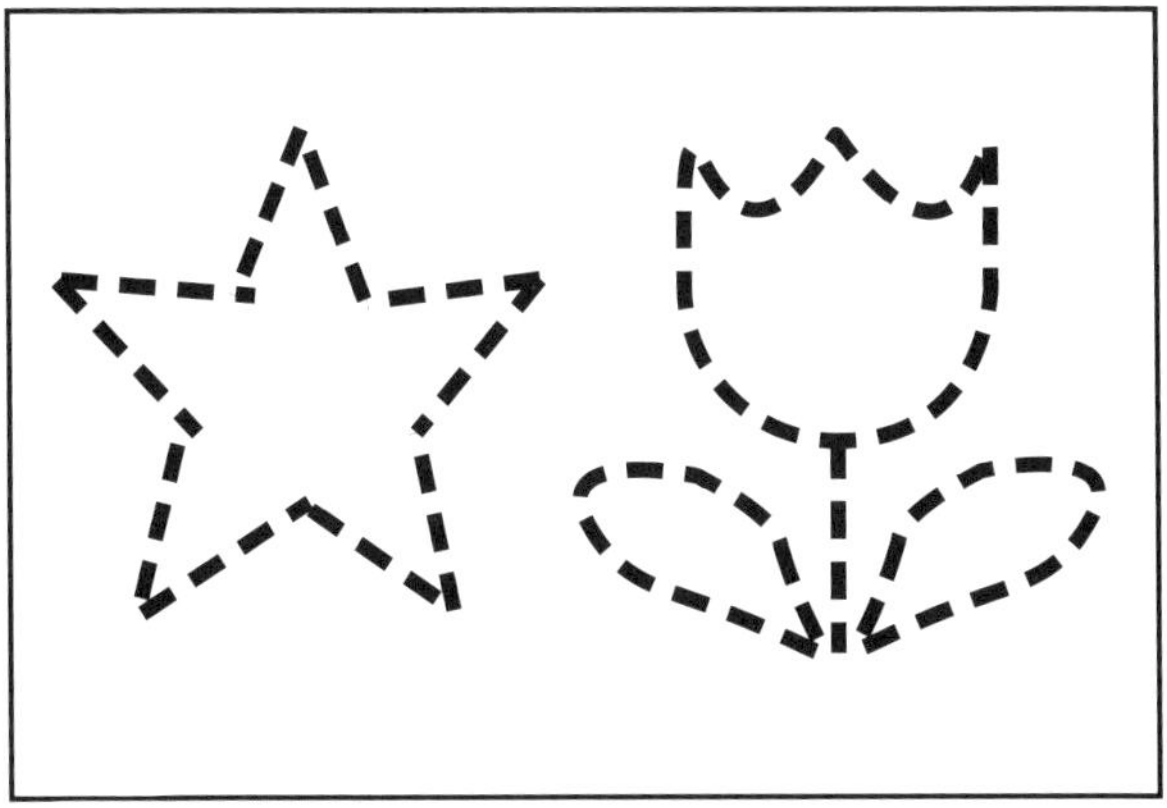

問題の作成例

がポイントです。できれば、子どもがなぞったものを、切り抜いてなにかの形に仕上げてやったりすると、作業の楽しさを覚えます。

点線を上手になぞれるようになると、文字の練習ができるようになります。私は、早期学習には反対ですが、就学前に、自分の名前ぐらいはひらがなで書けたほうがいいかと思いますので、ガチガチのお勉強ではなく、楽しく手先の器用さを養いながら、ついでのように文字の練習まで発展させてもいいでしょう。

紙で立体を作る

丸、四角形、三角形から始まり、星形やハート型など、平面の形を認識するのは、意外とすんなりできる場合が多いようです。それに対して立体は、日常的であるわりに、その性質を知るためには、ひと工夫が必要なように思います。

実際の世界は、三次元ですので、そのものに感覚で触れるのが立体を知る早道です。ただ触れるのであれば、積み木や空き箱などがうってつけです。**触ってみたり、積んでみたり、いろいろな角度から見ることを遊びの中でやっていくと、かなり立体についてわかってきます。**

もっと踏み込んでいくためには、自分で作ってみるのが最適です。初めは、短冊状に切った紙を丸めて、リング状にする程度のことから始めます（次ページ図①）。一見、簡単なことでも、長四角だった紙が、丸になったという驚きに出合います。

そして、立体になると自立するようになることも知るでしょう。立たせるというこ

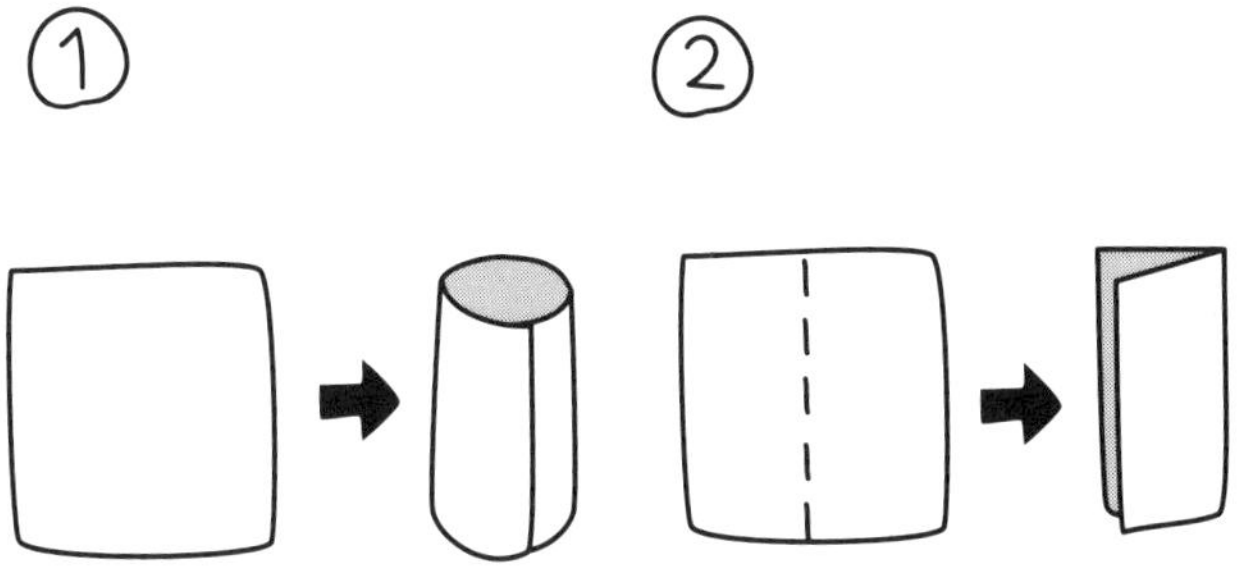

一枚の紙を立たせる方法の例

とでは、**一枚の紙を立たせるには、一箇所を折ればいいということなども（上の図②）、一緒に見せてやると、立体の感覚が体得できます。**

描いた絵を立てる

また、自分で描いた絵を切り抜いて、立てる工夫をするのも面白い遊びです。我が家でも、動物園を作るのは好評な遊びでした。

問題は立てる工夫です。動物が描いている紙は、折ってしまっては動物の絵が台無しです。ですから、後ろに支えをつけることになります。その支えを子ども

立たせるための支えの例

と一緒に考えるのです。参考にいくつかの支えをご紹介しましょう（上の図①〜③）。

立体を作ると、子どもになかなか理解できない鳥瞰図《ちょうかんず》のような目線が生まれてきます。自分で作ったものを上から見たり、横から見たりすると、正面から見るのとはまったく違った一面であることを知ります。

子どものものを見る目を広げてやるには、言葉や図解ではなく、手で触って、目で見るということをさせてやりましょう。

我が家の初等科受験について

私にとっていまでは、小学校受験も遠い昔の話になりましたが、当時はやはりただごとではありませんでした。とくに長男のときには、まだペーパーテスト重視という気風が流れていて、「早く・正確に」という感じのトレーニングが主流でした。

また、手当たり次第という言葉がぴったりなほど、多くの学校を受験しました。結果的には、学習院初等科からのみ合格をいただきました。いろいろな学校の準備をしたことは、長男にとって負担だったかもしれません。

ただし、長男の場合、やってきたこと自体は、なにごとにも諦めずに取り組むという姿勢として、いまでも息づいているので、厳しいおけいこも無駄だったとは言い切れませんけれど……。

次男のときには、すでに学習院以外の小学校の受験を考えなくなっていました し、長男が初等科に入学してわかったことなどを受けて、長男がお世話になったハードな個人のおけいこを中退し、大手の幼児教室に通いました。大手の教室では、幼稚園の延長のようなゆったりした雰囲気の中で、のびのびと過ごしたように思います。

ちなみに、次男は初等科の入試において、補欠合格でしたが、結果的には長男のときほど特別な準備をせずに合格をいただくことができました。

娘のときは、とてもリラックスしていたと思います。幼児教室には通っていましたが、受験日の寸前に遊園地に連れて行ったり、本人が楽しくリラックスした毎日を過ごすことを目指しました。

入試の結果は、合か否かの二つしかなく、内容の善し悪しや点数などは知るよしもないのですが、試験会場から戻った子どもの様子で言えば、三人の子どもの中で娘が一番朗らかだったと思います。


長男の受験から数えて二十一年、末っ子の娘の受験から数えて十五年というときが流れ、初等科の本質や求めることを目の当たりに、また、冷静に見てきた結果、いかに日常生活が大切であるかを痛感し、親子で傷つくような受験態勢に反対したいと思っています。

またそれは、親同士の関係においても同じです。まずは親が、自分を信じて、噂に惑わされることなく、子どもとの生活を見つめて、その一環として受験を考えるようにする必要があると思っています。

親のあり方編

親のあり方を考える

子どもの方向を見極める

親のあり方を語るにあたり、最初にお断りしておきたいことは、親のあり方に「こうあるべき」という決まりはないということです。ですから、ここに記していくことは、一般論ではなく、あくまでも私のやってきたことです。

私が「こういう親でありたい」と思ってきたことであり、現在も「こういう親である」ということに過ぎません。その中に、読者の方の役に立つことがあれば、採用していただくという形を取っていただきたいと思っています。

さて、子どもの個性にかかわるお話です。**私が一番、心がけていたことは「男の子だから」「女の子だから」という理由で、将来像を描かないようにすること**です。**次に、自分の夢をおしつけないということ**です。夢は「たくす」と表現すると、なにかとても美しいことのように響きますが、実際は、子どもの性格や適正を無視しておしつけることに他ならないので、どうしても避けなくてはならないと思っていました。**子どもは親のものではありませんから。**

私の子どもの例をお話しします。わかりやすいのは長男の例かと思います。とにかく幼いころから、妙に落ち着いた子どもでした。大声を出したり、走り回ったりということはまったくなく、冷静で論理的な子どもでした。

幼稚園でも、男の子達はヒーローごっこが盛んな中、同じように静かな女の子と一緒に、園庭の花を見たり、じっくりと積み木を積んだりしていたそうです。

たまたま静かにしていることができる子どもだったので、私の母と私がやっていた茶道の教室に連れて行ったところ、とても興味を示し、小学生になると同時にお稽古を始めました。

小学生の中学年のときには、学校の先生から「男の子だから、もっと活発なことをさせてはどうか」というアドバイスもいただきましたが、好きでもないサッカー教室に行ったところで、楽しくない上に上手にもならないでしょうと思い、茶道を続けました（二十七歳になった現在も続けています）。

スポーツは、三歳から始めたスキーとテニスをやっていましたが、それらは、家族で一緒に行くうちに、好きになったようです。

テレビ番組も、戦いの場面が好きではなかったので、ヒーローものを見たことはなく、紀行ものやニュースなどに関心を持っていました。小学生になってからは、社会に目を向けるようになり、自然に新聞にも興味を持ち始めました。

そんな子どもに、無理に外で走り回れと言っても、無茶というものです。でも、そういう子どもだからと言って、成績はけっして優秀ではなく、単に本人の特性と興味の方向が優等生のような雰囲気だったのです。

現在、幼い子どもを育てている親御さんにとって、それではいったい、その長男がどんな大人になったのかということが気になることと思います。

詳細は「おわりに」（二二〇ページ〜）に書かせていただきますが、静かな人物であることには変わりなく、しかし、冒険や挑戦は休むことなく続けています。海外出張では、持ち前の好奇心を発揮し、仕事以外の収穫も得てきています。

本人の関心事を取り上げずに、思う存分やりたいことをやってきた結果です。現在は、たぶん長男にとっても、満足のいく充実した毎日だと思います。**子どもの方向を見極めて、無理強いをしないことが、子ども自身の幸せなのではないでしょうか。**

子育てはコミュニケーションを大切に

私は、子育てにとって、一番大切なことは、コミュニケーションだと思っています。

では、コミュニケーションとはなんでしょう。

コミュニケーションとは、概ね、交流のことだと思っていいと思います。複数の人間や動物などが、感情、意思、情報などを、受け取り合うこと、あるいは伝え合うことを言います。

相手が大人、特に他人の場合には、誰もが気も配り、円滑に人間関係を営もうとつとめるものですが、相手が子ども、それも自分の子どもとなると、つい一方通行になりがちです。

一方通行とは、強要することや、相手（子ども）が自分を必ず理解できると思い込んで、有無を言わせないものの言い方になったりすることです。

相手のあることにもかかわらず、相手の人格を無視すれば、よい人間関係になるはずがありません。**子どもの気持ちを汲んでやるようにすることが、子育てにおけるコミュニケーションの基本ではないでしょうか。**

気持ちを汲んでやるというと、子どもの言いなりになることと勘違いされることがありますが、けっしてそうではありません。気持ちを汲んだ上で、正しいことに導いたり、よりよい方法を教えたりするのです。

また、**気持ちを共有することも必要**だと思います。子どもとのコミュニケーションの中で、子どもの気持ちがわかったら、その気持ちに寄り添ってやることで、子どもは安心します。そして、親とコミュニケーションをとることが習慣づきます。

あるとき、子どもがあまり話をしてこないと悩んでいる母親がいました。母親のほうは、話も上手で表情も豊かなのですが、その子どもは無口な印象でした。

そして、すでに四歳を過ぎた子どもなのに、なにかを尋ねても上手に言葉を組み立てることができません。

家庭での様子を聞いてみると、子どもの情緒を育てるために、一日中クラシック音楽をかけ、子どもは子どもで一人で遊び、親は親で自分のすることを粛々とこなしているらしいのです。

音楽を聞かせることは、けっして悪いことではありませんが、それだけにまかせて会話もない生活をしていては、会話の苦手な、相手の気持ちなどを汲むことも苦手な子どもになってしまいます。

そして、親は子どもの気持ちがわからない、子どもも親の気持ちがわからないということになってしまっては、どんなに素晴らしい音楽だって、聞いている親子の心には響かないことでしょう。

そのほかにも、親が自分のすることに集中するがために、なにも話さない例などにも出合います。親は悪気はないのです。一所懸命に家事などに取り組んでいるので、なにか落ち度があるとは思っていないのです。

子育てそのものにとっても、子どもの成長にとっても、日ごろから充分なコミュニケーションを心がけましょう。子どもが相手だって、楽しい話はたくさんあります。**大人同士の、大人だけの感覚で子どもと接していては、いいことはありません。**コミュニケーションが苦手な親も、子どもを育てるのを機に、積極的にコミュニケーションをとるように変身してはいかがでしょうか。

ひとり一人に合ったコミュニケーションを

大人は社会の中で、どんな人とも同じパターンのコミュニケーションを取っているということはないと思います。相手をよく見て、人間関係に支障がないようなやり方をしているはずです。

ところが、子どもとのコミュニケーションとなると、なぜか自分のやりたいように、子どものことをあまり考えずに接することがあるように思えます。**子どもの個性、性格に合ったコミュニケーションをとるのでなければ、いい関係は築けません。**

現代では、子どもの数が減っているので、一人っ子が増えています。一人っ子の場合には、その子どものことだけを考えて、家の中で過ごせばいいのですが、複数の子どもがいると、それぞれに対応することが求められます。

ここでは、我が家の三人のまったく違った個性とのつき合い方についてお話しします。いまは、三人とも成人していますが、私との関係は、幼いころからあまり変わっていないように思います。もちろん、話す内容や力（能力）関係は変化しています。長男は、とにかく理詰めがきく子どもだったので、なんでもしつこいぐらいに説明することに徹していました。本人も、いつまでも食い下がって聞いている子どもでした。

中学生の頃には、議論が白熱し（けっしてケンカではありません）、夜を徹したこともありました。その時点では、理解できるかできないかがギリギリのことでも、きちんと説明する、こちらも真剣に向き合うタイプのコミュニケーションが必要でした。幼いころから、相談をするような会話が、長男には快適なように見えました。

次男は感性の人です。好きなことと嫌いなことがはっきりしていて、気分屋のところもあります。ですから、いまでもむやみに逆なですることは言わないようにしています。幼いころから、叱ったり、教えたりというよりも、本人が自発的にできるようになったことを褒めて、次の興味に進んでいくのを見守るというスタンスでした。

その代わり、私の個性や好みも認めて受け止めるのが上手です。「個」に対する意識が高い子どもだったと言えるでしょう。

長女は、あまり強く「自分」を示さない子どもでした。よく言えば、とても融通が利くタイプで、なにを言ってもとりあえず受け入れて、自分のものにしてしまいます。意思を尊重しようとしても、かえって負担になるようだったので、ヒントや課題を与えるようなコミュニケーションをとってきました。

物事に執着や頓着がなく、放っておくと浮き雲のように過ごしてしまいそうです。相談を持ちかけても、「これもあり」「それもあり」というようなことしか言わないので、議論をするようなコミュニケーションは不適切です。

いかがでしょう。同じ両親から生まれた、同じ環境で育った子どもたちでも、こんなに違っているのです。それぞれに合ったコミュニケーションを考える重要さをわかっていただけたでしょうか。

でも、緊張はしないでください。ぜひ、子どもとのコミュニケーションを楽しんでください。いくら自分の子どもでも、生まれたときが初対面です。**初めは手探りで、いろいろと試してみましょう。どんな接し方をするにしても、お互いが楽しく過ごせることを目指してください。**子育てって、ハッピーですよ！

子育てに大切なのはタイミング

鳥の親子の例を私はよく使います。親鳥は、雛鳥が自分でエサをとり、自活できる能力がそなわったと見れば、巣立ちをうながします。雛鳥も、それに応じて巣立って自立していくのです。

人間は、愚かなもので、なまじ立派に進化したために、子離れ・親離れのタイミングさえはかれない場合もあるのです。鳥のように単純にして賢い生き物から学ぶことも、ときには必要かも知れません。

ちょうどいい年齢・成長に合わせて、いいコミュニケーションを取りながら、子どもを教育することが大切です。

非常にわかりやすい例では、子どもを早く立派にしたいという気持ちからでしょうか、年齢にそぐわないおもちゃや本を与えることが見られます。そのおもちゃや本の、おもしろ味も理解できず、ただひたすら挑戦のように年齢にそぐわないものに立ち向かっていては、やがて遊ぶことも勉強することも嫌いになってしまうでしょう。

私の持論では、ちょっと簡単なもの、ちょっと幼いものでちょうどいいように思います。それらを子どもは余裕をもって取り入れて、オリジナルで遊び方や続きの物語を考えるなど、受け身ばかりでいなくなるのではないかと思います。

家事の手伝いなども同じことが言えます。**子どもがガッカリしない程度に、その子の能力よりも少し下のことを言いつけるのがポイント**です。ちょっとの努力は要しても、すんなりとお手伝いができれば、楽しくなり自信もつきます。

そうすれば、また家事に参加する姿勢ができるのです。もしかしたら、気がついたら、とても優れた能力を身につけた子になっているかもしれません。

あまりにも手が届かない物事、理解の及ばない物事に対しては、やる気がなくなり、結局は取り組まないという結論にいたってしまうのです。それでは、意味がなくなってしまいますね。

ちょうどいいタイミングで、ちょうどいい物事を与えて、ちょうどいい言葉で働きかけることが大切だということです。

子どもの自発性や、自立心、その他の成長を親が見誤ることがなければ、いい家庭教育、子育てができることでしょう。

注意すべきとき、教えるときを逃さない

また、タイミングと言えば、もうひとつのタイミングもあります。**注意すべきことや教えることが起きたときに、すぐに言うこと**です。あとから言っても効果は半減します。

あとになってからでは、子どももそのときの気持ちや状況を忘れます。忘れてしまっては、反省もできませんし、反省もできなければ、学習もできません。

年齢や成長に合わせたタイミングを見計らうことができていても、目先のタイミングが合っていなければ、効果がないということが言えます。

もしも、どうしてもそのときに話すことができなければ、あとで話すことも仕方がありません。その場合には、ていねいに状況をなぞって、ひとつ一つを子どもが本当に思い出しているかどうかを確認しながら、注意深く話すように心がけましょう。

このように二つのタイミングを大切に見極めて、子育てに臨んでいきましょう。

親のあり方を考える

これまでのところでも、親のあり方にかかわることはお話ししてきました。たとえ自分の子どもでも、親のものではないことを念頭に置いて、子どものために最善を尽くしていただきたいと思います。

ただし、尽くし過ぎは困りものです。どんなことかと言うと、子どものことに一所懸命になり過ぎて、身体を壊す人もいます。体調が悪くて、子どもに対して不機嫌になったのでは本末転倒です。子どもに心配をかけるのもどうかと思います。

私の友人で、とても子煩悩で、真面目過ぎる母親がいます。彼女は、子どものことも尊重しますし、子どもたちも素直でとてもよく成長しています。

ところがある事件があったのは、子どもが幼稚園のころでした。前夜の就寝が遅く、寝不足だった彼女でしたが、子どものお弁当を作るために、早朝から起きていました。冷凍食品も一切使わず、残り物をお弁当に入れることも断じてしない主義だったので、かなり早起きをしていたようです。いつものように頑張ってお弁当を作っているうちに、彼女は貧血を起こし倒れてしまったのです。

倒れた音に驚いて夫が駆けつけると、彼女は気を失って倒れているのに、手に持ったおにぎりを握り続けていたというのです。友人の間では、笑い話のように語られましたが、私は笑えないものを感じました。そのような極端な情熱のかけ方は、子どもにとっても重苦しいものではなかったでしょうか。

親のあり方は、自己犠牲であってはいけないのです。自己犠牲的になると、親が子どものものになっていることになります。逆もそうであるように、お互いの人格が確立していなくては、いい親子関係とは言えません。

エンジェル係数（家計に占める子育て費用の割合）が上がっている昨今、親が子どもに尽くす割合も高くなっているのかもしれません。子どもに対して高圧的になるのも避けなくてはなりませんが、すべてを傾けるのも違っているということをお伝えしておきます。

自己肯定感を大切にする

子どもがのびのびと、自分らしく育つために、親はなにを注意したらいいのでしょう。私は子どもに自信を持たせるようにすることだと思います。

これまでお話してきた通り、子どもの言ったこと、やったことを褒めてやるのは、自信を持たせる一番の対応です。**自信の中には、自分に対するものもありますし、親に認められている、愛されているということで、自分の存在自体に自信を持つ**のです。

これは、すなわち自己肯定感です。自己肯定感がないと、何事も自分の考えで進めることができなくなります。

親の中につねに「親は偉い」とか「親が上」という発想があったら、子育てはうまくいきません。なぜなら、いつも命令されたり、指示されたりばかりで、子どもが自分の頭や手足を使うことができなくなるからです。

初めはなんとも思っていなくても、小学生ぐらいになったときに、自分はなにをしたいんだろう？　と思い当たってしまうでしょう。自己否定にはつながらないかもしれませんが、親に対する反発心を持ちかねません。

また、子どものことを決めつけるのも×。「あなたはだらしがないから」「いつもダメね」「情けないわ」などの発言がそれです。たしかに、だらしがないとき、ダメなとき、情けないときはあるものでしょうが、それがすべてのようなあつかいをすると、一種の人格否定、それも全否定になってしまいます。

子どもが「自分」というものに自信を持てるようにしなければ、話も聞かないでしょうし、考える力も育ってきません。考える力が育ってこないと、親が導き続けることになります。

これは、マニュアル人間になることと、とてもよく似ています。そうなってから「うちの子はダメだ」などと思ったり、なげいたりしても、ときはすでに遅いということになるのです。

褒めること、愛情を伝えること、命令や指示ばかりを与えないこと、決めつけないこと。これらのポイントに留意すれば、子どもに自己肯定感や自信が生まれてきます。自信を持って、生きて欲しいと思いますよね？

親の思うように子どもを育てようと思うことが間違い

プロ野球選手の斎藤佑樹くんや、プロゴルファーの石川遼くんを見て、

「あんな息子に育って欲しい！」

そんなことを話す人が増えています。

たしかに、斎藤選手も石川選手も、専門のスポーツが優れているだけでなく、マナーもよく、話も整然として、しかも印象もさわやかな好青年です。彼らのような息子がいたら、自慢に思うかもしれないとも思います。

でも、そんな理想を思い描いて子育てをするとしたら、そのこと自体が間違いではないでしょうか。彼らの親は、そんなことを思いながら育てたのでしょうか？

彼ら自身の個性や才能や適正だけを見ていたのではないでしょうか。表面的に見える、でき上がった彼らを見て、その部分だけをまねようとしても、中身がともなっていなければ、とうてい無理だと思うのです。

子ども自身をよく見て、その子の育つべき方向に伸びやかに育てることが大切なことなのではないでしょうか。

マナーのいい人に育てたければ、親はミーハーなことを言っていないで、自分が率先していいマナーを身につけ、子どもに示して暮らせばいいのです。

整然と話せる人に育てたければ、親は感情的になったりせずに、子どもときちんと会話をすることを実践すればいいのです。

さわやかな人に育てたければ、うそをついたり、後ろめたいことをしないように正直な態度を親が示していればいいのです。

親自身がまず見本になる

「子どもは親の背中を見て育つ」と言いますが、まさにその通り。**子どもに求める理想の人間像があるならば、まずは親自身がそうなって見せなくてはならない**でしょう。自分はできないけれど、子どもには……というわけには、いきません。

また、基本的に、親が思い描いている人物像に育てようと思うのはやめたほうがいいと思います。子どもに変なプレッシャーをかけかねませんし、子どもには子どもの人格があります。

まるでロボットでも組み立てるように、思い通りのプログラミングをほどこして、子どもを作り上げるなどということはできないのです。子どもの進みたい道や、子どもの思うことは、親の力で変えることはできません。

いくら子どもを生んだ親とは言え、子どもの人格をねじ曲げる権限など持っていません。**子どもを尊重することができなければ、理想の人物になるどころか、子どもが一人の自立した人間になることさえはばんでしまうかもしれません。**

子育てはとても素晴らしい仕事です。一人の人間を作り上げてしまうのですから、とても大きな責任もあり、ほかに比較するものがないほどのやりがいもあります。

その偉業に取り組んでいることに誇りを持って、軽率に理想像を追いかけることなどはやめましょう。

子どもたちのお稽古ごとについて

「お稽古ごとはなにをやらせたらいいでしょうか?」

とてもよく尋ねられる質問です。率直に言えば、なんでもいいと思いますし、別になにもやらなくてもいいと思っています。

単純に、我が子どもたちがなにをやっていたかということをお話ししましょう。

長男は、お絵描きと体操に通っていました。ただし、これはちょっと可哀想で、本人がやりたいことではなく、苦手克服が目標でした。それなりに楽しそうにはしていましたが、小学一年生から始めた茶道のほうが、ずっと楽しそうで、いまでも続けているので、やはり本人の意向を聞くべきだったと反省しています。

次男は、長男と一緒に水泳教室に通いました。また、初等科に入ってから、ピアノを習いましたが、それ以外は、これと言ったお稽古ごとには通っていませんでした。だからと言って、無趣味な人間に育ったわけではありません。

娘は、水泳教室のほかに、とてもやりたがったので、バレエ教室に通いました。地元のカルチャーセンターで開催されていたモダンバレエで、専門的なバレエ団の教室などではありませんでした。

いかがでしょう? お稽古ごとは、子どもの適正や興味にしたがって、やらせてもやらせなくても、少なくとも受験には関係ないのです。

将来を見据えて、あれもこれもと思うのであれば、子どもに負担がかからない範囲で（くれぐれも）、協議の上で通うのもいいかもしれませんが、「やらせる」という押しつけがましい気持ちで、親が強いるのであれば、子どもにとっては不幸です。あくまでも、子どもの気持ちを汲んだ上でのことにしましょう。


お稽古ごとではありませんが、私が子どもたちが幼いうちから一緒にやっていることはスポーツです。テニスをそれぞれ幼稚園に入ったころから、スキーを二～三歳から。年齢・体力のこともありますので、いまではどちらも子どもたちにはかないません。けっこう悔しいのですが……。

家族で一緒に楽しめるというメリットは、いままでももちろん、これからもずっと続いていく宝物になっています。とは言え、これも単なる我が家の経験に過ぎず、やったほうがいいとまでは言えません。

ただ、共通の趣味を持つことはお勧めできます。何事もそうですが、親子が別々に取り組むよりも、一緒にできることの楽しさを知っていることは、家族関係のためにもいいことではないでしょうか。

特別編

小学校受験について

入試問題で
なにが求められているか

小学校受験を決める前に

小学校は、言わずと知れた義務教育です。放っておいても、地元の小学校に入ることができます。それどころか、入らなくてはなりません。そんな恵まれた状況があるにもかかわらず、その小学校をお断りして、わざわざ遠くにある私立の小学校に通うのには、きちんとした理由や覚悟が必要です。

私立小学校には、それぞれに特徴があり、魅力があふれていると言えるでしょう。しかし、本当にその真価を理解しているか、学校の理念や方針を理解しているか、子どもの通学の負担を考えたことがあるかなど、検討すべきことがたくさんあり、簡単に飛びつくわけにはいきません。

小学校の受験のために、両親の考えがぶつかったり（その結果、不和になってしまったり）、詰め込み受験対策で、子どもに無理がかかったり（その結果、訓練されたことによる不自然な振る舞いの子どもになったり）しては、元も子もありません。まずは、両親が考えを話し合い、小学校に対する方針を決めなくてはなりません。

私の感覚では、子どもが三歳頃までに意見がまとまっていなくては、私立の受験に臨むことは難しいと思います。それは、けっして「受験勉強」の時間が必要だということではなく、目指す学校をゆっくりと見極めて、学校の方針に合うかどうかを検討したり、通学のシミュレーションをしたりする時間が必要だということです。

さて、それでは、小学校の受験準備とはなんでしょう。どういうことをするのが受験の準備なのでしょう。幼児教室や個人の先生のお教室に通って、試験問題に対する対策を万全に整えることでしょうか。さまざまなお稽古ごとに通うことでしょうか。親同士の情報交換をすることでしょうか。試験当日用の洋服や小物をそろえることでしょうか。ここでは、学習院初等科の入試を例にお話をして参ります。

いま、受験を考えている方の中で、これらの「対策」に取り組んでいる方も少なくないと思います。私がもし、いまから小学校受験に臨むのであれば、そのどれもしないでしょう。強いてするとすれば、楽しんで幼児教室に通わせるかもしれません。

これら、一般に必要とされている準備の多くは、いままでは、私には必要と思えないものです。たとえば、試験問題に対する対策。たしかに、子どもの力試しのためにも、過去の問題集などをやらせてみたくなるでしょう。気持ちは重々理解できますが、すらすらできることばかりが求められているとは限りません。

もちろん、学校によっては、そういった準備は求められているかもしれません。そういう情報は、人を頼りにするのではなく、学校が開く説明会に行って、親自身が、自分で判断すべきことです。学校からの話をしっかり聞いて、やはり必要だと思ったら、問題集に取り組むのも、お教室に通うのもいいでしょう。

注意しなければいけないなのは、親同士の情報交換です。ドラマなどにあるほどの足の引っ張り合いが、本当にあるかどうかはわかりませんが、よりよい情報、より正しい情報を同じ立場の、言わば競争相手に教える方がいるとは思えないのが事実です。

また、焦りを感じるような内容の伝聞で、振り回されるなどということも起きかねません。誰とも話してはいけない、聞かれても本当のことは言わない、ということは推奨しませんが、親同士は、ごく普通のおつき合いだけにとめておいたほうが無難だと言えるでしょう。少なくとも、情報交換に躍起になるのはナンセンスです。

先にお伝えしたように、受験に関する情報は、親が自分で学校から入手し、各自で判断するのが鉄則です。

学習院初等科の入学試験について

いろいろと不必要なものを述べてきましたが、その理由は、学習院初等科の入学試験（以下、初等科の入試と略します）において、なによりも大切なことは、家庭での過ごし方、経験、しつけだからです。試験の場で、着目されるのは、生まれてから数年の過ごし方なのです。

ペーパーテストのような形態のものや、言動をチェックするような出題もあります。でも、そのほとんどは、わずか数年をどう過ごしてきたかを見るものであって、問題の解き方の技術や速さを求めているのではないのです。

試験官の先生の出題をしっかり聞けるか＝指示を守れるか。出題にしたがって行動できるか＝指示を記憶していられるか、適切な行動をする能力があるか。そこがとても大切なポイントです。

しつこいようですが、勝てばいいとか、早ければいいというものではないことを知っておく必要があるでしょう。

初等科の入試では、出題・指示がとても細かく、

「赤のクーピーペン（色えんぴつ）で、ていねいに塗りましょう」
「脱いだ靴をそろえておきましょう」
「なにがあっても座っていましょう」

というようになっています。ですから、いかにそれをきちんと聞いていることがとても重要であることがわかります。自分で先回りして考えて、勝手な行動をとってしまっては、減点になりかねないのです。

初等科の入試では、大きく分けて「個別テスト」と「集団テスト」があります。それぞれの配点は同じぐらいのようですが、どちらかと言うと「集団テスト」のほうが比重は大きいと言えるでしょう。

ただし、仮に五〇点ずつだとすると、一方は五〇点満点なのに、他方が一〇点ということになると、明らかに不利なことになります。できればバランスよく評価していただけるのが望ましいのです。テストの内容については、またあとの項で、詳しくお話ししましょう。

入試の観点の傾向から考えると、家庭で身につけることが求められるのは、以下の

ようなものになります。

○靴をそろえる……指示がある場合が多いが、自分でそろえられるようにする。
○ボタン、ひも、たたむ……子どもにできそうな範囲のことで充分。
○静かに待機する……座っているように言われたら、立ったり歩いたりしない。
○正座、体育座り……無理なく意味がわかるようにしておく。
○数の理解……おおむね五ぐらいまでがわかっていれば問題ない。
○できたほうがいい運動……片足立ち、ケンケン、スキップ、ギャロップ。
○お行儀のいい行動……歩きながら壁を触ったりしない。まっすぐ歩く。
○トイレのあとで……手を洗い、きちんと拭く習慣。
○人の批判や悪口……「そんなこともできないの?」などと言わせない。
○箸……課題で使うことも過去にあったが、ほかのもののあつかいのためにも必要。
(※えんぴつの持ち方は、必須ではない。入学後にきちんと習うので)
○言葉遣い……大人に対して返事やていねいな言葉が使えるようにする。
○あいさつ……その日に初めて会った人には、あいさつをする習慣が必要。

ちなみにこれらは、子どもに対することですが、実際には親も正しくおこなえない場合があるようなので、子どもに強いるばかりではなく、親もしっかりと身につけておきましょう。

また、常識に関しては、試験中に話しかけられて、チェックされることもあるようですので、普段から、年齢なりのものの名前（動物、野菜、果物、花、道具など）を知っていることや、行事、季節にも触れて過ごすようにしておきましょう。

幼児教育では「行動観察」などと言われますが、それはひとつの課題になっているものではありません。親と一緒の受付、待合室、廊下、トイレ……あらゆる場所が、行動観察の試験会場だと思わなくてはなりません。

総括して申しますと、初等科の正門を入ってから、帰りに出るまでは、ずっと試験だと思わなくてはならないということです。

そう考えると、いかに日常が大切かということがおわかりいただけると思います。試験当日や試験会場が、特別なものではなく、いつもの通りに過ごして、評価していただけるようでなければ、合格は遠のいてしまいます。

子どもにとっても、普段からしつられけていれば、ことさら緊張することもなく、むしろ楽しく当日を過ごすことができるでしょう。試験当日、試験会場が、非日常であればあるほど、平常心でテストに臨むことができなくなります。

平常心で、冷静に先生のお話を聞くことができれば、初等科の入試は、特別に難しいものではありません。技術を問うているわけでも、速さを問うているわけでもないのですから、構え過ぎる必要がないことをおわかりいただけると思います。

ですから、本書に書かせていただいた家庭でのしつけや学び、親のあり方をしっかり日常生活に活かしていただければ、自信を持って試験に臨める＝学校に向かっていかれると思います。

＊　＊

それでは、学習院初等科の入学試験の観点となる行動観察についてを主に、実際に平成二十二年に出題された入試問題の類似問題を例題として、解説をしていきたいと思います。なお、本書で取り上げます問題は、入試前に相談に見えた親子から、入試後にお話しいただいた情報を元にしています。

個別テスト

推理

もしも○○が、どこに移動したら、△△はどこに移動するか。そういったことを推理して、考える問題です。実際に動いていないものを動いたとする（仮定する）力が求められます。

出題例

観覧車に、動物が乗っています。箱は六〜八ぐらいが目安です。

てっぺんのおサルさんが、ウサギさんのところまで来たときに、ゾウさんはどこに来るでしょう。

その他の出題例

・ライオンさんがイヌさんのところまで来たときに、パンダさんはどこに来るでしょうか。

・ネコさんがゾウさんのところまで来たときに、おサルさんはどこに来るでしょうか。

観点

まずは、出題の中の動物の位置を確認できることから始まり、目的地まで行くには、いくつ移動するかを見極めなくてはなりません。それを理解した上で、質問された動物がどこに移動したかを答えられるかどうかです。

ただし、この問題に答えるときには、指差しで「ここです」と言えればいいので、推理をする課程でも指を使っててていねいに確認しながら、答えを導き出します。

早合点したり、目測や予測（当てずっぽう）で急いで答えることのないようにしましょう。

もしも、右回り、左回りの指定があった場合には、その指定＝約束を守りながら取り組むことも大切ですので、試験官の話をしっかりと聞く耳と落ち着いて臨む姿勢を養っておきましょう。

また、作業中に、関係のない箱の動物の名前を聞かれたり、動物でなく花などの場合、季節を聞かれたりすることもあり、単に推理ができるだけでなく、常識も同時に見られています。

お話の記憶
お話作り

多くは、動物が登場する短いお話を聞かせます。子どもが親しみやすいように、イヌ、ネコ、ウサギ、ゾウなどのわかりやすい動物が登場し、公園に行くお話や遠足のお話などが多いです。

出題例

イヌさんは、お天気がよかったので、公園に遊びに行きました。公園では、ネコさんがブランコで遊んでいました。

イヌさんは、ネコさんに「こんにちは」とごあいさつをしてから、ブランコの順番を待ちました。

質問例

・この日はどんなお天気でしたか？

・ネコさんはなにで遊んでいましたか？

・イヌさんが思っていることをお話ししてください。

観点

絵は見せられる場合と、ない場合があるようですが、試験官の説明とお話を聞くのは同じです。これといった面白いお話とかストーリー性のあるお話ではありませんが、興味を持って、まじめな態度で聞くようにします。

質問も特別な内容ではありません。ただし、お話を正確に聞いているかどうかは求められますし、余計な説明を加えたりしないようにしましょう。

これらのほかに、動物のカードなどを見せて、自由にお話作りをさせることもあります。

お話作りの内容は、子どもが考えるような当たり前のものでよく、特別な工夫、お話の面白さなどは求められていません。（ただし、過激な内容や、悪い言葉遣いをしてしまってはＮＧ）

文章力、構成力とまでのものは見られていません。お話の記憶やお話作りは、親子で楽しんでできる遊びなので、家庭でもある程度の力をつけることはできるでしょう。

巧緻性

色えんぴつ、ハサミを使うことが多く、どちらも使ったことがないという状態では、困ることがあると思います。難しい課題ではないので、とにかく出題をよく聞くことがとても重要です。

出題例

下の図にある点線を青のクーピーペンでていねいになぞってください。
なぞり終わったら、なぞった線に沿って、切り抜いてください。

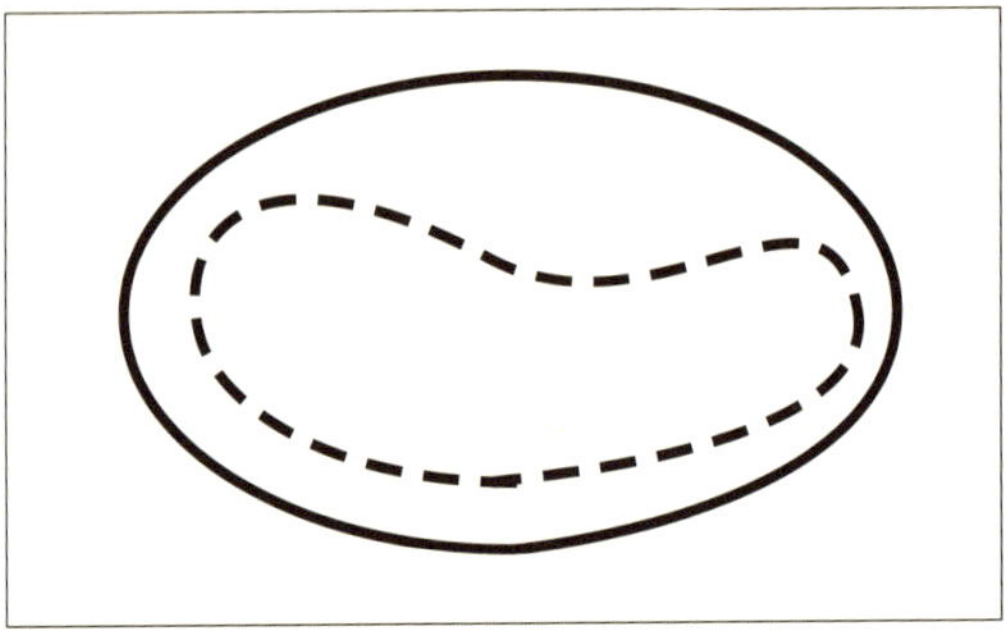

その他の出題例

いろいろなパターンで取り組みましょう。

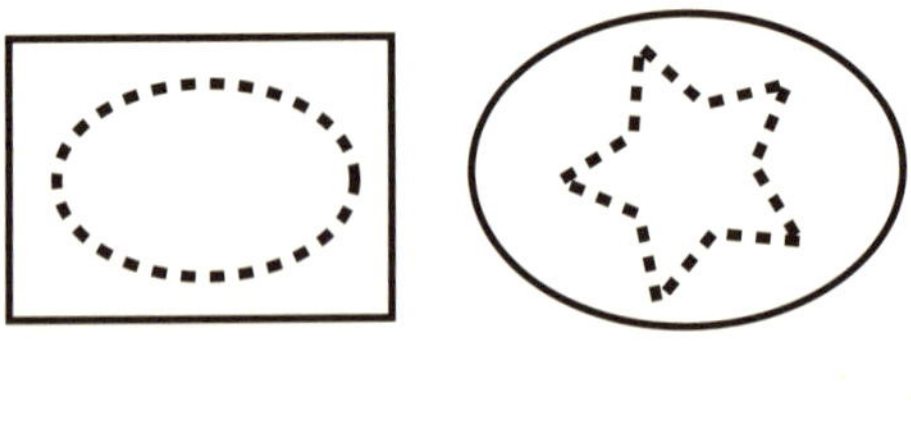

観点

指示されるときに、
「ていねいになぞりましょう」
と言われるので、早く仕上げようとしないように気をつけます。早くできることや、上手にできることは観点ではなく、「ていねいに」と言われたことに、ていねいに取り組む態度が見られます。

色の指示を間違えないようにします。たとえば、点線の形が、花だったりすると、青と言われても、つい赤でなぞりたくなってしまいますが、あくまでも指示にしたがうことが大切です。

また切り抜くときに、対象までたどり着くのに、余白にハサミを入れてしまっていいのかと疑問に思ったら、先生に質問できると○。勝手に切ってしまっては×。

紙を二つに折って、とっかかりを作ったり、ハサミの先で穴を開けるなどの工夫をしていると、日常の経験の豊かさが見えるので、評価されます。

記憶

見せられたお手本（図または写真）通りに、積み木などの立体を積み上げる課題です。写真をよく見ることがとにかく大切。色にも着目して見る目が必要です。同じものを作るように言われたら、まったく同じものが作れることが目標です。

出題例

少しのあいだ、下のお手本（図または写真の場合があります）を見てください。
二色の棒のようなものが積んであります. よく見て覚えてください。
（お手本を伏せてから）お手本と同じように組み立ててみましょう。

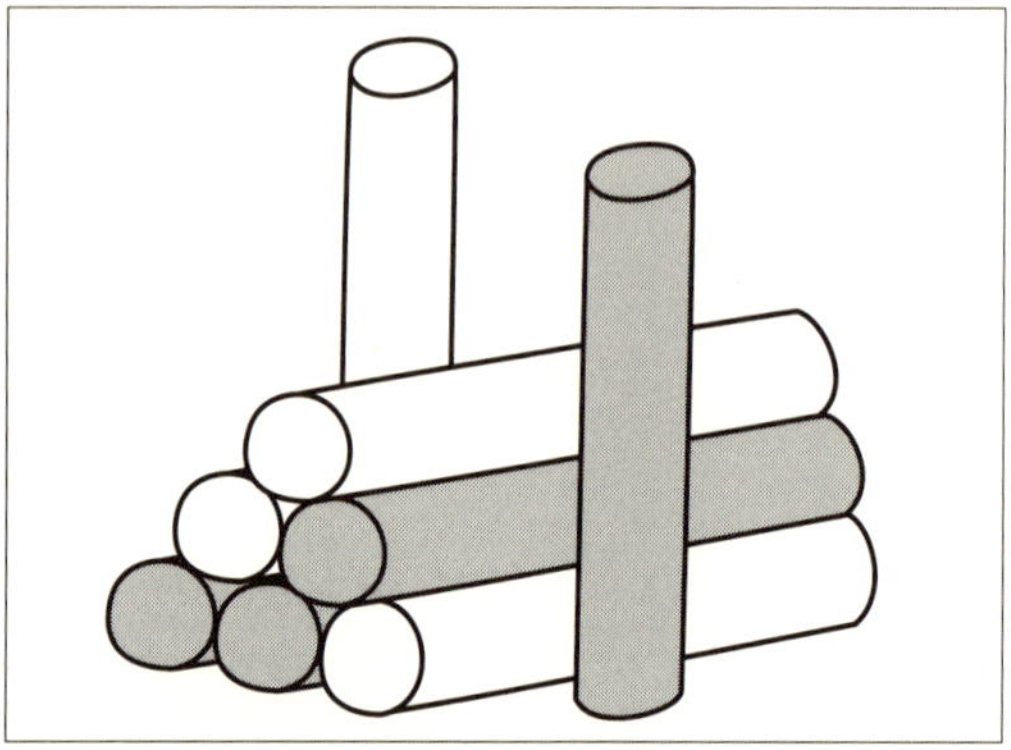

その他の出題例

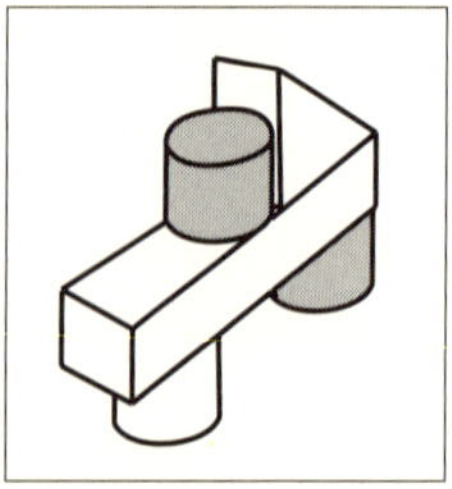

正面から見たところと側面から見たところが違う形になっていることを知らないと戸惑いますので、教えておきましょう。

観点

お手本は伏せられてしまいますので、しっかりと見て記憶することが基本です。

ただし、いくら記憶をしていても、経験不足などで、同じものができないこともあるようです。

まずは、見せられたお手本が、どういうものかと理解することです。その際に、形だけでなく、色の配置も含めて理解して記憶しなくてはなりません。せっかく記憶しても、同じものが作れなくては、完成度は半分です。

転がる素材（例　円柱形の積み木など）のあつかいに、経験がものを言います。

ただし、お手本をしっかり見て、覚えていれば、その通りにすることで、転がる素材も止まるはずです。

転がらない素材でも、見る方向によって違って見えるということを理解していたほうがいいでしょう。（右ページのその他の出題例参照）

集団テスト

共同制作

四人ぐらいのグループで、相談しながら作業をします。一人で勝手な行動をしたり、やたらと仕切り過ぎたりすることは好まれません。素材は、ペットボトル、空き箱、工作の残材など、これと言った面白いものはありません。

出題例

「ここにあるものを使って、四人で相談して、なにかを作りましょう」というような出題があり、子どもたちは初対面の同一グループの子ども3、4人と協力して、積み上げたり、並べたりして「なにか」を作ります。

置かれているものは、ペットボトル、空き箱、工作の残材などになります。

その他の出題例

試験官から「スカイツリーはどう？」などとヒントが与えられることもあります。

観　点

まずは、協調性です。初めての子ども同士でも、話し合って作業ができなくてはなりません。出題の中で、話し合うこと、相談することと言われているのですから、いくら上手なものが作れても、一人でやってしまってはNGです。

また、仲間割れ、ケンカになることもあります。ケンカは極力避けたいです。横暴だったり、強引だったりするのは嫌われる行動です。ケンカになったときに、仲裁に入れる子どもは評価されます。ただし、巻き込まれないようにするのもひとつの評価対象です。その場合は、利己的な印象を与えないように、日ごろからトラブル対処も経験していたほうがいいでしょう。

何を作るかという目標を話し合うというプロセスも重要です。しかし、話し合いばかりに時間がかかり、制作に取り組めなかったなどということのないように、主張の仕方や妥協の仕方も日常から身につけておきたいところです。

忍耐力

最初に、正座をして問題に答えるために、自分が座る座布団を持ってくることから始まります。その指示も一〇人ほどの集団に対して出されますので、聞き逃さないようにしなくてはなりません。

出題例

「いまから、はいと言われたら、一人ひとつずつ座布団を持って来ましょう」

「どうぞと言われたら、白い線のところに座布団を置いて、靴を脱いでそろえてから、座布団の上に正座をしてください」

「いいと言われるまで、目をつぶっていましょう」

「なにがあっても目を開けてはいけません」

ここまでの一連の指示にしたがい、静かに正座をしていると、太鼓の音、靴音、スズムシの音、鳥の鳴き声、紙を丸める音など、また、先生が大きな声を出したりして、さまざまな音が聞こえてきます。

音が止むと、「どうぞ目を開けてください」「目を開けましょう」という指示があり、この課題は終了です。

観点

ひとつ一つは簡単な指示でも、それをキープすることは意外と大変です。靴をそろえることは指示されますが、日ごろからそろえていないと、上手にできません。

座り方は、正座の場合と体操座りの場合があるようですが、いずれにしても言われた通りに座ることが重要です。

いろいろな音が聞こえる場面では、知っている音がするとつい「ネコの声だ！」と言ってしまったり、珍しい音がすると目を開いてしまったりします。いずれも、約束通りにできなかったことになりますので、この課題では減点となります。

つねに指示をよく聞き、それにしたがってガマンできるかどうかがポイントです。自分勝手、マイペースなどが顔を出さないようにしたいところです。

集団テストの中で、音の種類はなにかと聞かれることはありません。

ゲーム

赤白の四～五人のチーム対抗で、玉入れや的当て、ボールの移動などのリレー方式のゲームをします。ルールをきちんと聞き取り、ゲームのルールと、そのほかの約束ごとを必ず守らなくてはなりません。ゲームを始める前に、少し離れた場所で説明があることもありますので、先生の話をよく聞いて、状況に対応しましょう。

出題例

各チームで決められた順番に、カゴ（箱）から取り出したボールを、線から目当てのカゴ（箱）に向かって投げ入れます。

投げた子どもは、列の後ろに並びます。

全員が投げ終わったら、目当てのカゴに入っているボールを数えて、多いチームの勝ちとなります。

その他の出題例

玉入れは、的当て（大きなだるまが置いてあって、ボールをぶつける）や、単なるボールの移動になることもあります。

いずれの場合でも、ボールの色や数を指定されることがあります。

観点

説明を受ける場所から、ゲームをする場所に移動するにあたり、説明では「歩いて行きましょう」と言われるのですが、まれに「移動しましょう」という言葉ではなく、「移動します。よーい、どん」などと声を掛けられることもあり、「歩いて」と言われたことを忘れて走ってしまうこともあります。そのような注意深さや約束を守ることも見られます。

ゲーム中も、ボールを投げる線から出てはいけないということは説明されますが、途中で「線から出ないで！」などの注意はありませんので、順番があとのほうになっても、しっかりと説明されたことをキープしていなくてはなりません。

また、玉入れでも的当てでも、入らない、当たらないということ自体は、減点対象になりません。うまくいかなかったからと言って、「もう一回やらせて」などと言うのはもってのほか。残念がるのは自然なことですが、悔しがって文句を言うことは好まれません。

あるいは、自分の順番でないときに、やっている子どもが失敗をしたときに「ヘタくそ！」などとなじることがあってはいけません。「がんばれ～」と応援をしたり、うまくいったときに拍手をするのは構いません。

ゲーム終了後に、勝ったチームの子どもがバンザイやハイタッチなどをするのはOKですが、負けたチームの子どもが負け惜しみを言うのはNGです。中には、負け惜しみどころか、相手チームがインチキをしたと悪口を言ったり、ずるいことをしたと告げ口をする子どももいるようですが、それはもちろんしてはいけないことです。

ときには、一人あたりのボールの色や数を指定されることがあります。「青を二つ、白をひとつ、赤を二つ持ちましょう」というような複雑な出題もあり得ます。ただし、内容自体はそんなに難しいことはありませんので、聞き漏らしのないよう、また、約束をやぶらないように気をつけます。

＊　＊

これらのほかの問題がある場合もあると思いますが、子どもの当たり前の能力を超えるような問題は絶対に出ません。むしろ簡単であることで、なめてしまって指示を聞き漏らす子どももいるようです。

初等科の入試では、能力が突出して秀でている必要はないのです。とりわけ集団テストでは、協調性が見られ、そこから出てくる人間性が大切なポイントになるのです。小器用《こぎよう》であることが、じゃまをしないようにしたいものです。

早くこなすことを訓練されていると、早く終わらせることに躍起になりますし、勝ち負けばかりを意識して育っていると、負けたときに悔しがって感情を乱します。

また、運動テストのようなものが、別途おこなわれることはないようで、集団テストや指示行動などに含まれています。たとえば、移動するときに「ケンケンで行きましょう」と言われたり、「リズムに合わせて歩きましょう」という指示が出たりすることがあり、そのときに運動能力を見られているのです。

家庭でできる準備

家庭でできる準備と言っても、入試に向けた訓練という形で取り組む必要はありません。問題集をやらせなければ、不安な親御さんは、やらせても構わないと思いますが、弊害もあることを念頭に置いて、なるべく自然な形で、身につけることを目指しましょう。

そのために、家庭でできる役に立つ遊びをいくつかご紹介したいと思います。難しいことややこしいものはひとつもありませんので、子どもの能力に合わせて、幼いころから取り入れていくといいでしょう。

くれぐれもお願いしたいのは、なにかができたときに褒めることは大切ですが、できないときに怒ったり、親がじれったがったり、イラ立ったりすることは、けっしてないようにしていただくことです。

数の表

使うもの……手作りのマス目の台紙、おはじき

未就学の子どもは、五までの数字が理解できていれば充分なので、多めに対応するにしても一〇×一〇マスの表があればいいでしょう。

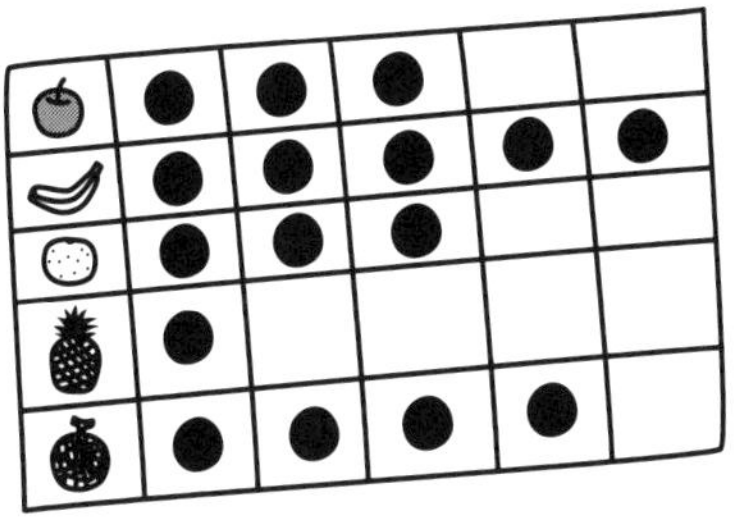

数の表の作成例

縦軸のひとマス目に、ものや動物の絵を描きます。横軸に当たるところに、おはじきを置いて、その数だけそのものがあるということにします。（このとき、実際にないものを「あることにする」という感覚を身につけることもできます。それによって、想像力も養えますし、予測能力、お話作りなどにも役立ちます）

第一段階は、数のことには触れずに「リンゴはどれですか？」というような質問をし、それに対応する遊びをします。その段階では、リン

ゴが二箇所にあるような場合もいいと思います。一覧をすべてきちんと見る目が養われるのです。

子どもが遊びの意味を理解してきたら「今度は〇〇ちゃんが、問題を出して」と、問答の役割を入れ替えます。このやり方は、難易度が上がっても通用します。

次に、リンゴの段（横軸）におはじきを三個、バナナの段に五個、ミカンの段に三個のようにおはじきを置きます。そして、おはじきの数がリンゴの数だということを決めて、「リンゴは何個ありますか？」という質問をして、子どもが答えます。

この段階の応用としては、「リンゴは何個ありますか？　その数だけ買いに行きましょう」などとして、実際に買い物に行きます。三個という数をキープして買いに行くことができます。

複数のものを実際に買いに行く場合には、絵で描いた買い物メモを作って持っていくといいでしょう。文字や数字が書けるようになったら、遊んだ結果を自分で書かせて持っていきます。「書いておいてね」と頼むと、お手伝い気分も味わえますし、役に立った満足感もありますので、いっそう子どもにはいい刺激になるでしょう。

数の表が楽しく遊べるようになったら、品物の名前や数を増やして、いろいろな問題を出します。

・なにが一番多い（少ない）ですか？
・リンゴとバナナはどちらが多いですか？
・リンゴとバナナで多い方（少ない方）の数はいくつですか？
・リンゴとバナナはいくつ数が違いますか？
・リンゴとバナナは、どちらがどれだけ多い（少ない）ですか？
・リンゴとバナナを合わせるといくつになりますか？
・リンゴと同じ数のものはなんですか？
・一番少ない（多い）ものの数は何個ですか？
・一番多いものと一番少ないものはいくつ違いますか？

ざっと考えただけでも、いくつものバリエーションができます。回答が、質問にピッタリ合うように、正確に問題を聞いていなくてはなりません。数を答える、ものの名前を答える、数とものの名前を答える、少なくとも三つのパターンの回答があるはずです。

数だけでいいのに、ものの名前まで言ったり、逆に、両方答えるべきときにどちらかしかいわない場合は、質問を何回か繰り返してみましょう。

回答方法には、口頭のほかに、数を表すおはじきと違う色のおはじきを置くような設問も考えられます。親の工夫で、かなりの広がりを持つ遊びになります。

競走(競争)

なにごとも早ければいいというものではないのですが、早い人が勝ちと決めたら、それを目指して早くおこなおうとする意識は持っていたほうがいいでしょう。

初めのうちは、お友達と競うよりは、親と競ったほうがいいと思います。たとえば、公園などで単純に、木のところまで走っていくときに競走するのです。もちろん、親が勝つのですが、勝ち負けのギリギリの調整をしてやるぐらいがちょうどいいと思います。

「柵をくぐって」とか「木の周りを回って」などという課題を入れると、意外と大人にとって難しくなるので、いいレースになるのではないかと思います。壁に触って戻って来るというような往復にすると、中身に入れる内容も増えて面白いと思います。

でも、実は、そうすることで、指示をしっかり聞くクセをつけたり、慎重にしなくてはならない場面があったり（平均台を渡るなどの課題を入れた場合）、かなり子どものいろいろな面を育てられる内容に持って行かれます。また、その際の移動方法も、歩く、走る、ケンケン、スキップ、ギャロップなど、バリエーションを持たせることで、さまざまな運動ができるようになり、指示の幅も広がります。

指人形遊び

紙やハギレなどで、手作りの指人形を作ることをお勧めします。軍手に、フェルトで顔をつけたりしても楽しいものです。そのようにすると、まずは作る段階から、子どもの巧緻性を育てます。

針と糸を使う場合でも、最初は見せるだけでも、四歳ぐらいになれば、簡単に縫うことはできるようになりますので、危ないからと、取り上げることばかりを考えないようにします。

素材から一緒に考えると、かなり多くの要素を入れることができますし、とても楽しんで遊ぶことができるでしょう。ここで提案する家庭内の遊びはほとんどがそうですが、年齢の違う兄弟がいても、それぞれの遊び方に応じられるので、一緒に遊べるというのもメリットです。

指人形の楽しい遊びは、お話作りだったり、歌を歌って、それに合わせて動かしたり、感情を表現する動きをしたり、情緒が育つと思います。また、子どもが作ったお話には、その子どもの独特の感性が表れ、親が子どもを理解するのにも役立ちます。

すでに読み聞かせて知っているお話を再現するのもいいでしょう。「このあとどうなるんだっけ?」などと尋ねると、子どもがいかに読み聞かせを注意深く聞いているかがわかります。

絵本を読んでいるときに「今度、指人形でやってみましょう」と投げかけると、ただ聞いているお話にもっと興味を感じることもありますし、読み終わったときに、自分なりの表現を考えたりするようになります。

切り抜き遊び（手作り絵本）

「学び編」で示したように、読み終わった雑誌や、新聞の折り込み広告、ダイレクトメールなどを利用して、好きなものを切り抜いて遊びます。ものによっては、立つように作ったり、ノートに貼って手作り絵本にして、お話を作ったりしてもいいですし、手作り図鑑にしても楽しめます。

切り抜きを貼るだけでなく、自分で絵を描き足すこともとても楽しい遊びです。大きさのバランスなどにも目を配るようになるので、これもかなり幅の広い遊びと言えるでしょう。

一所懸命に切って、のりと格闘して作っ

た絵本には、大いに愛着がわきますので、ものを大切にする気持ちが育ちます。

また、親と一緒に取り組んだことはとてもいい思い出になります。親の技術や能力を見て、感じたり、尊敬したり、学びとったりしていくことは、教科書や問題集で学ぶより深く子どもに浸透します。

なわとび

なわとびは、三〜四歳からできるようになります。もちろん、最初はメチャクチャですが、親が手本を示してやると、やってみたいと思うようになります。一人用のなわとびでも、一方をどこかにつないで、大なわとびのように、飛ぶのであれば、すぐにできるようになります。

そうしているうちに、タイミングがつかめるようになります。五〜六歳になって、上手に飛べるようになったら、何回飛ぶという目標を決めてやるといいでしょう。目標を達成するのはとても気持ちがいいもので、そのために頑張るということを覚えていきます。

なわとびの場合、運動能力や体力の上昇にも大いに意義がありますので、取り入れるといいと思います。そして、なわとびのもうひとつのいいところは、始まる前にほどくこと、終わったあとに結ぶことです。

細いひもで練習するよりも、あつかいが簡単ですし、毎日やっていると、ひもの練習を強いられている感じがしないままに、ひものあつかいが上手になれます。

＊　＊

家庭でお勧めの遊びは、実は、数限りなくあります。ここでは紹介しきれません。でも、なにをやったほうがいいとか、やるべきだという決まりがあるわけではないので、親子で取り組めることを、一緒にやっていくことがなによりも大切なのです。

そして、親は必ず面倒がらずに、楽しそうな顔をして相手をすることも重要なポイントです。楽しそうにしている親を見て、きっと楽しいのだと思うのが子どもですし、楽しいことならば、やってみたいのは当然です。

きょうから、いますぐできるようなことばかりですので、買い与えたおもちゃばかりに頼らずに、子どもと一緒に楽しく遊んでみましょう。

おわりに

未就学のお子さんを育てている方、これから小学校受験を控えている方、ご自身のお子さんについて、将来をどのように想像していらっしゃることでしょう。

この度は、拙書をお読みいただき、どのような感想をお持ちでしょうか。私は、最後まで読んでくださった読者の方に、このあとがきにおいて、大切なことをお伝えしようと思っています。

それは子どもが育つ過程では、どこにいるかではなく、なにをするかがとても重要だということです。子どもをどこに連れて行くとか、どこで遊ばせるとか、どこの学校に入学させるとか、とかく親は「どこ」にこだわりがちです。

たしかに「どこ」かによって、変わってくるものもあるでしょう。でも、もっと大きな違いを呈するのは、「なに」をするかなのです。子どもが見たもの、聞いたこと、触れたもの、感じたこと……それ自体が大切な要素なのです。言葉を替えれば、経験することこそが重要だということです。

どこでもいいのです。居合わせた場所で、いかに多くの経験をするか、それによって、その子どもの人生は大きく変わってきます。経験は、人間性や心を豊かにします。ぜひなにかをすることを目標としてください。

小学校受験を念頭に置いていると、とにかく入ることばかりに気持ちが向かいます。それも、ある意味本末転倒なのです。どこの学校でも、そこでなにができるかということに注目してください。

ときどきお尋ねいただくこともあるので、私の子どもたちが、現在どのような成人になっているかをこの場を借りてお話ししようと思います。このお話で、いかに「どこ」の問題ではないかということを理解していただけると嬉しいです。

長男、二十七歳。初等科から学習院に学び、大学までを過ごす。高等科時代に一年、大学時代に一年、ハンガリーへ留学（語学習得にはつながらない留学）。大学卒業後は、早稲田大学大学院アジア太平洋研究科に進み、教育開発の研究。その後は、海運会社に勤務するも、一年で転職。現在は、興味と語学を活かし商社勤務。

次男、二十五歳。初等科から高等科を学習院で過ごす。高等科時代に一年間メキシコに留学。スペイン語にはまり、大学受験を目指すも、神田外語学院へ進学。二年間のスペイン語と英語の学習ののち、京都外国語大学イスパニア語学科に編入学。卒業後は、趣味と実益の旅行会社勤務。

長女、二十一歳。初等科から大学まで、同じく学習院で過ごす。女子高等科時代に一年間ブラジルに留学。現在、大学文学部哲学科在学中。

おそらく、三人とも留学経験があることに驚かれたと思います。しかも、留学先に英語圏がないことにも。それこそが、まさに「どこ」ではなく「なに」のいい例だと思っています。

初等科に入れていただけたことは、初等科の、最も学習院らしい教育を受けることができた大きなメリットでした。でもそこで、学校まかせにしていては、学習面には問題はなくても、それぞれの個性や、生きる力は身につかなかったと思います。一貫教育の、中高や大学受験のない環境にいさせていただけたことを活かして、スポーツに遊びに、そして留学にと、目を向けることができたのです。

子どもたちの誰一人をとっても、人もうらやむようなエリートはいません。皆、成績では苦労もし、母親である私が、先生と顔をつき合わせて悩んだこともあります。

私がそうであるように、まったく普通の子どもたちです。

ただ、子どもたちは、いつでも好奇心旺盛で前向き。自分のしたいことを見つける天才のような子どもたちです。いまも、それぞれの世界で、自分らしく、自分の道を歩いていると思います。

私は、子どもの人生にレールを敷いたことはありません。もちろん、手助けの要請があって、それに具体性がともなっていれば、できる限りの手助けは惜しまないつもりです。でも、寂しいぐらい、子どもたちは精神的に自立しています。子どもの赴くままを受け入れ、とにかく底抜けに楽しく過ごしてきたことを皆さんにお伝えしたくなりました。

本書の企画をご提案くださった教育評論社の小山香里さんも小さなご子息を育てているお母さんです。制作にご尽力してくださったことへの感謝の気持ちを込めて、ご子息の成長を見せていただきたいと思っています。

現役のお父さん、お母さん。子育て、楽しんでください。それが私の願いです。

日々の楽しい生活があれば、子どもは必ず応えてくれますよ。

山本紫苑

〈著者略歴〉

山本紫苑（やまもと・しおん）

1960年生まれ。家庭教育コンサルタント。初等科より学習院に学び、学習院大学卒業。二男一女の母で、三人の子どもたちを全員学習院初等科に合格させた。
自身の子育て、受験の経験を活かし、私立小学校受験生を始め子育て中の親からの相談を受けている。自身の経験を広く役立てるべく、執筆・講演・マスコミへのコメント発信などで活動中。
著書に、『本当の上品さを身につけさせるために学習院初等科のお母さんがやっていること』『「考える力」がある子どもの育て方』（ともにPHP研究所）、『学習院初等科受験バイブル』（プレジデント社）、『モナ・リザからの手紙』（ゴマブックス）がある。

ホームページ　http://homepage1.nifty.com/DAISUKI/

学習院初等科のお母さんに学ぶ　家庭のしつけと学習

2011年9月13日　初版第1刷発行

著　者　山本紫苑
発行者　阿部黄瀬
発行所　株式会社　教育評論社
〒103-0001
東京都中央区日本橋小伝馬町2-5　F・Kビル
TEL 03-3664-5851
FAX 03-3664-5816
http://www.kyohyo.co.jp
印刷製本　萩原印刷株式会社

ISBN 978-4-905706-62-5　C0037